Nous en sommes venus à croire...

Des membres racontent leur expérience spirituelle chez les AA

Alcoholics Anonymous® World Services, Inc., New York

Les droits d'auteur© des articles suivants sont détenus par The A.A. Grapevine, Inc. (une mention en est faite) et ils sont reproduits avec autorisation : « De l'isolement à la solitude » (Septembre 1967), « Le bonheur » (Avril 1965), « La réussite » (Octobre 1964), « Extase » (Octobre 1965), « Nul ne peut se suffire à lui-même » (Juillet 1967). « Raison ou conscience » est tiré du bulletin *Tom-Tom* (Juillet 1956).

Publication approuvée par
la Conférence des Services généraux des AA

Titre américain
Came to believe...

Copyright© 1981
Alcoholics Anonymous World Services, Inc.
475, Riverside Drive, New York, NY 10015

Adresse postale: Box 459,
Grand Central Station,
New York, NY 10163, USA

www.aa.org

Tous droits réservés en vertu de la Convention panaméricaine
sur les droits d'auteur
Droits internationaux réservés

Alcooliques anonymes© et AA© sont des marques déposées
de A.A. World Services, Inc.

ISBN 978-1-893007-94-9

1M-9/14 (BP)   FB-6

Table des matières

1 - « SPIRITUALITÉ ? »   1
L'éveil à la vie spirituelle   3
Combien nous sommes privilégiés   5
Le mouvement des AA est une philosophie   5
À sa manière   6
L'autre dimension   7

2 - EXPÉRIENCES SPIRITUELLES   9
Il avait écouté   11
Une présence   14
Neige fraîche   14
Je n'étais plus seule   16
Un homme nouveau   18
L'image du mal   20
Noyade   21

3 / LA PRIÈRE   23
Un besoin infini   25
Plus qu'un symbole   25
« Comment pries-tu ? »   26
Dieu m'a trouvé !   29
Une petite carte blanche   29
Entendu aux réunions   32

4 / DÉLIVRANCE DE L'OBSESSION   33
L'abandon total   35
Il a pris le contrôle   35
« Après dieu »   38
Une nouvelle sensation   38
« Sers-toi de moi »   40
Demeurer sobre grâce à l'amour   41
« Demande de la force à dieu »   43
Verre brisé   44

5 / UN RÉVEIL SPIRITUEL   47
Lâcher prise   49
Action et patience   49
Un plan inconnu   51

De nouvelles personnalités	53
Par une journée d'hiver	54
« La foi viendra »	56
Sur un écran géant	58
Témoignage d'une vie	59
Un cœur ouvert	60

6 / LA RECHERCHE — 63

Découverte	65
« J'ai compris ! »	66
La fonte d'un glacier	67
La semence de dieu	70
La quatrième étape	72
Retour à l'essentiel	74
Ce contact spirituel	77

7 / COÏNCIDENCE — 81

J'ignore pourquoi	83
Une soirée pluvieuse	85
Dieu était le facteur	87
Miracle en mathématique	88
Quelque chose n'allait pas	89

8 / UNE PUISSANCE SUPÉRIEURE — 93

Mon ami	95
Le cheminement d'un athée	95
La seule réalité	97
Raison ou conscience ?	98
Voix intérieure	99
Foi en l'être humain	100
Conversation	103
Dieu est bon	103
« Tous les saints du ciel... »	105
La présence qui guidait mes pas	105
Un élément vivant des AA	107

9 / LE PROGRÈS SPIRITUEL — 109

Destinations	111
Complètement libre	111
L'émerveillement des découvertes	113
Un miracle indéniable	114
Pour une seule raison	116
L'expérience capitale	117
Confier sa barque	120
Je dois apprendre	121
Source de force	122

Nouvelles convictions	124
10 / «DANS TOUS LES DOMAINES DE NOTRE VIE»	127
C'est ainsi que nous marchons	129
De l'isolement à la solitude	131
Le bonheur	133
Une leçon d'humilité	136
Aller de l'avant	137
Une philosophie pratique	138
Extase	141
« Nul ne peut se suffire à lui-même »	144

AVANT-PROPOS

Nous avons consacré à la rédaction de cet ouvrage cinq années de recherche et de réflexion soutenues depuis le jour où un membre des AA en a souligné la nécessité. L'identification de « Alcooliques anonymes » à un « programme spirituel » a semé la confusion chez certains nouveaux, qui ont tendance à confondre « spirituel » et « religieux ». Mais selon les propos du docteur Bob, cofondateur des AA (dans un article du A.A. Grapevine), « Nous ne sommes pas liés par une doctrine théologique... Il existe plusieurs façons de voir les choses dans notre organisation. »

« Nous en sommes venus à croire... » a pour but d'illustrer le vaste éventail de convictions compris dans l'expression « Dieu, tel que nous Le Concevions ». La plupart des articles furent écrits spécialement pour ce petit livre, à la demande du Bureau des Services généraux de New York. Les lieux d'origine, indiqués à la fin des textes ou courts commentaires, illustrent la grande variété des réponses à travers le monde. Et nos membres peuvent être reconnaissants envers tous ceux et toutes celles qui se sont imposé de rédiger leurs expériences spirituelles, même si leur contribution n'apparaît pas dans cet ouvrage. Sans un aussi vaste échantillonnage des opinions de nos membres, il nous aurait été impossible de présenter une mosaïque aussi complète.

À l'origine, notre cofondateur Bill W. avait l'intention d'écrire une préface. Elle a été remplacée par les textes d'introduction à chaque chapitre. Ils rappellent les opinions qu'il a déjà énoncées dans « Réflexions de Bill ».

« SPIRITUALITÉ ? » 1

Ne laissez aucun de vos préjugés contre les termes de spiritualité vous empêcher de vous demander honnêtement ce qu'ils peuvent signifier pour vous.

Bill W.

« Les Alcooliques anonymes », p. 53

L'ÉVEIL À LA VIE SPIRITUELLE

Le mouvement des AA est un programme et un mode de vie spirituels. Même la première partie de la Première Étape, « Nous avons admis que nous étions impuissants devant l'alcool », constitue une expérience spirituelle. Un membre des AA doit utiliser beaucoup plus que ses capacités physiques ; il a besoin de toutes ses facultés d'être humain pour entendre le message, pour y réfléchir, pour examiner les conséquences du passé, pour les comprendre, les admettre et les accepter. Ces procédés sont des activités de l'intellect, et l'intellect fait partie de l'esprit.

Oui, j'ai débuté avec une foi aveugle et j'ai eu la preuve qu'elle est efficace. J'ai cru ceux qui m'ont dit avoir souffert d'alcoolisme, mais qui, grâce aux AA, sont aujourd'hui abstinents. J'avais donc sous les yeux des exemples de cette vérité. Très tôt, je l'ai expérimentée. Je n'ai pas seulement été libéré de l'obsession de boire ; j'ai été guidé vers le besoin de vivre !

En me le répétant souvent, les AA m'ont rendu très conscient de ma liberté de choix, de ma faculté de décider. Ma sobriété progressant, une chance que j'ai saisie s'est offerte à moi de mieux connaître la nature humaine en me connaissant mieux moi-même. Je sais maintenant que lorsque j'ai dit pour la première fois dans une réunion des AA : « Je m'appelle Tom et je suis un alcoolique », j'exprimais la première vérité que j'avais découverte à mon sujet. Pensez à la spiritualité contenue dans une telle déclaration. Mon nom me dit que je suis un être humain ; le fait que je puisse le savoir, y penser et le communiquer renforce la notion que j'ai d'exister, me rend plus conscient et émerveillé parce que je suis !

Tel fut donc mon éveil au monde spirituel. Avec l'aide du programme et l'encouragement et les exemples au sein du Mouvement, j'ai pu commencer à me connaître et à accepter ce que je découvrais. Chez les AA, j'ai appris que si d'autres pouvaient m'accepter et m'aimer tel que j'étais, je devais alors m'aimer moi-même, non pas pour ce que j'étais, mais pour ce que je pouvais devenir. Peu à peu, j'ai découvert mon intelligence, ma volonté, mes émotions et mes passions. J'ai appris que je peux être un bon être humain, malgré mes imperfections ; j'ai appris que lorsque je vis consciemment dans la réalité (sain d'esprit), chacune de mes bonnes journées fait contrepoids à mon passé.

Ma religion ne m'a pas donné les AA. Les AA m'ont permis de puiser de la force dans ma religion. Le simple contraste entre l'alcoolisme actif et la sobriété active m'a aidé à chercher, à écouter et à mettre en pratique les bons principes de vie, et j'en suis récompensé par une satisfaction et une joie beaucoup plus grandes qu'avant d'être abstinent dans AA. En acceptant cette abstinence avec reconnaissance, comme un don, et en l'utilisant à bon escient, j'ai découvert que d'autres cadeaux me sont offerts en tant qu'être humain. Pour recevoir ces bienfaits, je n'ai qu'à les demander et ensuite à m'en servir.

L'essentiel de notre programme et de l'art de vivre se résume dans l'acceptation et dans l'action.

Le don de compréhension a permis aux simples messages de mes parents, de mes professeurs et de ma religion de prendre un sens nouveau et plus profond. Grâce au don de la sérénité, je suis prêt et disposé à accepter ce que Dieu permet qu'il m'arrive ; avec le don du courage, je suis prêt à changer les choses que je peux changer pour mon propre bien et celui des autres. Le don de la sagesse m'a été donné pour que dans mes relations personnelles, je puisse agir avec intelligence et amour ou, comme quelqu'un a déjà dit, avec compétence et compassion.

J'essaie maintenant de m'accrocher à l'idée d'entretenir une vie qui se nourrit de l'intérieur et se manifeste à l'extérieur. « Le Gros Livre », « Réflexions de Bill », « Vingt-quatre heures par jour », les réunions, les expériences, la prise de conscience du changement qui s'est opéré en moi dans ma façon de penser, dans mes choix, dans mes habitudes, tout cela relève du spirituel. La spiritualité du mode de vie des AA nous rend conscients de nos ressources intérieures. Il n'y a pas de matérialisme chez les AA – seulement de la spiritualité. Si nous prenons soin de nos besoins spirituels, les autres seront comblés.

J'en suis venu à croire que la sobriété est ce qui donne de la valeur et de la dignité à ma vie. C'est ce que je dois partager, et ce don grandit dans la mesure où je le partage.

El Cerrito, Californie

COMBIEN NOUS SOMMES PRIVILÉGIÉS

J'appelle Kinlochard ma maison spirituelle. C'est un tout petit hameau situé dans une vallée entre les coteaux et les rives du Loch Ard. Je ne me lasse jamais de contempler cette vallée surplombée par une lointaine forêt aux innombrables tons de vert qui se reflètent sur la surface du lac. Les faucons pèlerins nichent sur les hauts rochers et le héron voltige lentement au-dessus du lac jusqu'à son nid dans les grands arbres d'une petite île. Les cygnes, les malards et les canards à dos gris se partagent la rive avec les bécassines, les poules d'eau et quelques pêcheurs qui taquinent la truite. Parfois, je peux voir au loin sur la colline un cerf et une biche traversant une clairière et, si je suis chanceux, quelques loutres jouant sur le rocher près du lac. Tout respire la paix.

Lorsque j'ai découvert Kinlochard, j'étais dans une de mes cuites prolongées. Même à ce moment-là, la beauté et le calme du lieu ont percé les brumes alcooliques. Maintenant que j'ai trouvé la sobriété, j'essaie de visiter cet endroit de repos deux fois par année et j'admire la majesté de notre Créateur. Je ne vois pas de beauté dans l'art. La sculpture et l'architecture sont des créations humaines et ne peuvent rivaliser avec l'œuvre du Créateur. Comment peut-on espérer rivaliser avec le maître qui nous a tout enseigné ? Combien nous sommes privilégiés, nous, les alcooliques, d'avoir une maladie qui nous oblige à rechercher le rétablissement dans la spiritualité.

Egremont, Angleterre

LE MOUVEMENT DES AA EST UNE PHILOSOPHIE

Dans le sens propre du terme, une religion est d'origine divine; elle gouverne la personne dans sa relation avec sa Puissance supérieure et promet de donner ses récompenses et ses punitions après la mort. Une philosophie est d'origine humaine ;

elle guide l'être humain dans ses relations avec les autres et promet ses récompenses et ses punitions en cette vie. Le mouvement des AA, selon moi, est une philosophie. Si nous, alcooliques, acceptons la philosophie des AA, nous pouvons recommencer à comprendre nos religions respectives.

Maryland

À SA MANIÈRE

La spiritualité est un éveil – ou est-elle une multitude de bouts de fibres tissés ensemble dans une étoffe moelleuse ? C'est la compréhension, – ou est-elle tout le savoir dont un être humain aura besoin ? C'est la liberté – si vous considérez que la peur est un esclavage. C'est la confiance – ou est-elle la croyance qu'une Puissance supérieure vous protégera toujours contre les tempêtes et les ouragans ? C'est l'obéissance à la voix de la conscience – ou est-elle une considération profonde, réelle et vivante pour le monde entier et toute la planète ? C'est la paix de l'esprit devant l'adversité. C'est le désir aigu et farouche de survie.

C'est un homme ou une femme. C'est la gratitude pour tout événement fortuit du passé qui vous a amené à un moment de justice. C'est la joie d'être un homme jeune dans un monde jeune. C'est une prise de conscience – ou est-elle la connaissance claire et nette de ses capacités et de ses limites ? C'est la concentration – ou est-elle une facilité de percevoir l'univers ? C'est de voir dans chaque être humain une puissance mystique qui pousse au bien. C'est la patience face à la stupidité. C'est l'envie de décapiter quelqu'un – et choisir de s'en éloigner. C'est savoir, lorsque vous êtes sans le sou, que vous possédez encore quelque chose que l'argent ne peut acheter. C'est porter des salopettes comme s'il s'agissait d'un habit de gala. C'est désirer rentrer chez soi, alors qu'on y est déjà. C'est un voyage en fusée qui conduit encore plus loin que l'univers visible. C'est regarder quelque chose superficiellement laide, mais qui rayonne de beauté. C'est un horizon majestueux ou un désert de l'ouest. C'est un jeune enfant. C'est une chenille qui se transforme en papillon. C'est être conscient que la survie est un combat sauvage avec soi-même. C'est une attirance magnétique envers ceux qui sont battus et désespérés. C'est savoir que même les mauvais moments sont bénéfiques.

Ne regarde pas en arrière, tu n'as encore rien vu.

Lorsque les gens te regardent et se demandent ce qui se passe, ton regard leur répondra : « C'est que je peux arrêter ! »

Cette chose singulière qu'est la spiritualité ne peut pas être donnée à un autre par des paroles. Si chaque être humain doit l'obtenir, alors chaque être humain doit la gagner, à sa façon, de sa propre main, marquée au sceau de son être, à sa manière.

New York, New York

L'AUTRE DIMENSION

Un jour durant une réunion, j'ai avoué que j'étais transporté d'enthousiasme par le programme des AA. Tout me convenait, sauf la dimension spirituelle.

Après la réunion, un membre est venu me dire : « J'ai aimé ta réflexion sur notre mode de vie, à savoir que tu aimes tout, sauf l'aspect spirituel. Nous avons un peu de temps. Pourquoi ne parlons-nous pas de cette *autre dimension* ? »

La conversation s'est arrêtée là.

Modesto, Californie

2
EXPÉRIENCES SPIRITUELLES

Il est certain que tous ceux qui ont connu des expériences spirituelles croient qu'elles se sont produites. Les conséquences subséquentes de ces expériences sont les meilleures preuves de leur authenticité. Ceux qui reçoivent ces dons de la grâce se transforment profondément, presque toujours pour le mieux.

Bill W.

Causerie, 1960

IL AVAIT ÉCOUTÉ

Dès mon adolescence, j'ai dû faire un choix entre ce qui me semblait une vie ennuyante et morale ou ce qui, après quelques verres d'alcool, m'apparaissait comme une vie excitante et remplie d'aventures. J'avais grandi dans la tradition d'un Dieu sévère et vengeur qui surveillait le moindre de mes gestes. Je n'arrivais pas à aimer ce genre de divinité et m'en sentais coupable. Après un verre ou deux, j'oubliais ma culpabilité. J'ai décidé d'opter pour ce genre de vie.

Les débuts ont été assez agréables et ont favorisé mes rêves de gloire et de fortune. Par contre, cette vie s'est graduellement transformée en un constant cauchemar meublé de peur et de remords à cause de ma condition, et de ressentiment et d'aigreur envers cette vie normale qui m'entourait et qui m'était inaccessible. La vérité était que, par l'alcool, je m'étais moi-même isolé de la société, glissant graduellement dans un état psychologique qui m'empêchait d'établir un rapprochement social ou moral avec quiconque. À cette époque, je ne voyais pas que cet isolement était causé par mes excès d'alcool. J'étais convaincu que Dieu et la société m'avaient tourné le dos, refusant de me donner une chance dans la vie. Je ne voyais aucune raison de vivre. Je n'avais pas le courage de me suicider, mais je crois que le désespoir aurait brisé cette barrière de lâcheté si je n'avais pas connu une expérience qui a transformé entièrement ma façon de penser.

Cette expérience s'est produite à la mort de mon père en Écosse. Il avait vécu une bonne vie dans son village et tous ceux qui l'avaient connu l'ont honoré à son décès. J'avais reçu des journaux qui donnaient un compte-rendu de ses funérailles. Ce soir-là, j'étais assis à une petite table dans une taverne bondée de monde, ivre et broyant du noir à cause de ce que j'avais lu. La mort de mon père ne me causait aucun chagrin. Plein de haine et d'envie, je me disais : « Pourquoi lui et les autres ont-ils la vie si facile alors que les hommes bons comme moi n'ont jamais de chance ? Quelle guigne ! Les gens m'aimeraient et m'honoreraient aussi si j'avais la chance qu'il a eue. »

Dans la taverne, le bruit des conversations était assourdissant. Soudain, dans ma tête, j'ai entendu une voix forte et claire : « Comment justifieras-tu ta vie lorsque tu te présenteras devant Dieu ? » Stupéfait, j'ai regardé autour de moi, car la voix était celle de ma grand-mère. Je n'avais plus repensé à elle depuis sa mort, une vingtaine d'années plus tôt. C'était sa citation préférée. Elle le disait souvent lorsque j'étais jeune et voilà que je l'entendais encore, cette fois dans la taverne.

Dès que j'ai entendu cette voix, j'ai repris mes esprits et j'ai su sans l'ombre d'un doute qu'aucune personne ou aucune situation n'était responsable de mon état actuel. J'étais le seul responsable.

Ce fut un grand choc. D'abord, j'avais entendu cette voix et la raison principale de mon échec dans la vie – je n'avais jamais eu de chance – a disparu de mes pensées pour toujours. Il m'est venu à l'idée que si je me suicidais, comme c'était mon intention, il se pourrait que je doive faire face à Dieu et Lui donner un compte-rendu de ma vie, sans possibilité de blâmer qui que ce soit. Je ne voulais pas ça et toute idée suicidaire a disparu sur le champ. Par contre, la pensée que je pourrais mourir à n'importe quel moment a continué de me hanter.

Je me disais que tout ça était insensé, et bien que j'essayais de me convaincre que j'avais eu une hallucination, je ne pouvais pas douter de la réalité de l'expérience. Je pouvais me visualiser alors que j'étais amené devant une divinité qui me toiserait avec mépris et me dirait d'un ton sévère : « Parle ! » Mon imagination m'a épargné la suite et à partir de là, j'ai bu le plus possible pour effacer ce cauchemar. Le matin, au réveil, ce mauvais souvenir était encore là, plus vivant que jamais.

J'ai pensé que je ferais mieux d'arrêter de boire pour quelque temps et commencer à reconstruire ma vie. Cette résolution a provoqué un choc terrible. Jusque-là, je n'avais jamais associé mes difficultés à l'alcool. Je savais que je buvais trop, mais il m'a toujours semblé que j'avais d'excellentes raisons pour boire. Je constatais maintenant, avec étonnement et horreur, que je ne pouvais plus arrêter. L'alcool avait pris une telle place dans ma vie que je ne pouvais plus fonctionner sans lui.

Je ne savais où m'adresser pour obtenir du secours. Croyant que tous les êtres humains pensaient de moi ce que je pensais d'eux, j'étais convaincu que je ne pouvais pas me tourner vers eux. Il ne me restait que Dieu et s'Il ressentait à mon égard ce que je ressentais pour Lui, l'espoir était mince. C'est ainsi que j'ai vécu les trois mois les plus sombres de ma vie. Durant cette période, j'ai bu, je crois, plus que je ne l'avais jamais fait et j'ai prié « le néant » de me libérer de l'alcool.

Un matin, je me suis réveillé sur le sol de ma chambre, terriblement malade, convaincu que Dieu n'allait pas m'écouter. Plus par habitude qu'autre chose, je me suis rendu au travail et j'ai entrepris de préparer la paie des employés, même s'il m'était difficile d'arrêter de trembler juste assez longtemps pour inscrire les chiffres aux bons endroits. Après beaucoup de difficultés, j'ai finalement effectué ce travail. Avec un soupir de soulagement, j'ai regardé par la fenêtre et j'ai remarqué un homme qui passait devant la baraque où je travaillais. Dès que je l'ai reconnu, la haine s'est emparée de moi. Sept mois plus tôt, il avait eu la témérité de me demander, devant d'autres hommes, si j'avais un problème d'alcool. J'avais été profondément vexé par sa question. Je ne l'avais pas revu pendant des mois, mais lorsqu'il passa devant ma baraque je le haïssais toujours autant.

C'est alors que quelque chose s'est produit, qui n'a jamais cessé de m'étonner. Comme il disparaissait de ma vue, il s'est fait comme un grand vide à l'intérieur de moi. Sans savoir comment cela était arrivé, j'étais devant lui à l'extérieur de la baraque, m'entendant lui demander s'il pouvait m'aider à arrêter de boire. Si j'avais agi consciemment, il aurait été le dernier homme à qui j'aurais demandé du secours. En souriant, il a accepté de m'aider et il m'a amené vers le programme de rétablissement des AA.

En repensant à tout cela, il m'est finalement apparu bien évident que contrairement à ce que j'avais cru, Dieu ne m'avait pas jugé et condamné. Il m'avait écouté et, à Son heure, m'avait donné Sa réponse. Elle avait trois volets : la possibilité d'une vie sobre ; Douze Étapes à pratiquer pour obtenir et maintenir cette vie de sobriété ; l'amitié à l'intérieur de l'association, toujours prête à me soutenir et à m'aider à chaque vingt-quatre heures de ma vie.

Je ne me fais pas d'illusion. Ce n'est pas moi qui ai introduit le programme de rétablissement des AA dans ma vie. Je dois toujours considérer cela comme un cadeau de la providence. C'est ma responsabilité d'en faire bon usage.

Saint-Jean, Terre-Neuve

UNE PRÉSENCE

Je suis un officier, responsable des radiocommunications sur un navire-citerne. J'ai eu la révélation finale de ma condition et de son traitement un jour où j'étais assis dans ma cabine en compagnie de ma bouteille préférée. J'ai demandé de l'aide de Dieu à haute voix, même si j'étais le seul à pouvoir entendre. Soudain, j'ai senti une présence dans la pièce qui m'apportait une chaleur particulière, une douce lueur de clarté et une immense sensation de libération. Bien que j'étais encore relativement abstinent, je me suis dit : « Tu es encore soûl », et je me suis couché.

Au matin pourtant, en plein jour, la Présence était encore là. Je n'étais pas ivre. J'ai compris que j'avais demandé et que j'avais reçu. Depuis ce temps, je n'ai jamais bu d'alcool. Lorsque j'éprouve le désir d'en prendre, la seule évocation de ce qui m'est arrivé suffit à me maintenir dans le droit chemin.

Marin AA, membre des Internationaux

NEIGE FRAÎCHE

Ayant été exposé au mouvement des AA depuis plus de six ans, j'avais connu trois rechutes, trois épisodes brutaux et lugubres. Après chacune, mon humiliation et mon désespoir augmentaient. De nouveau abstinent et exécutant un travail de peu d'importance, j'ai découvert qu'il était possible de trouver de la satisfaction dans l'accomplissement de tâches, même minimes, et que l'humilité – vécue comme source d'enseignement et méthode de recherche de la vérité – peut être le déguisement emprunté par une puissance supérieure.

Puis, sans que je m'y attende, on m'a offert un poste de direction comportant de nombreuses responsabilités. Je n'ai pu que répondre : « Laissez-moi réfléchir ».

Étais-je capable de demeurer abstinent ? Étais-je réellement sobre ou seulement abstinent ? Étais-je capable d'assumer les responsabilités de l'emploi et de renouer avec le succès ? Ou bien Dieu permettrait-Il que je me punisse encore une fois ?

Je suis allé demander conseil à une amie que je parrainais. Elle pensait que je pouvais et que je devais même accepter cette offre. Sa confiance m'a rassuré ; j'ai alors connu l'enthousiasme de me sentir de nouveau digne et j'ai éprouvé de la gratitude du simple fait d'être vivant. Cette nouvelle sensation ne m'a pas quitté durant toute la réunion des AA à laquelle nous avons assisté ce soir-là. On y discutait la Onzième Étape : « Nous avons cherché par la prière et la méditation à améliorer notre contact conscient avec Dieu *tel que nous Le concevions*, Lui demandant seulement de connaître Sa volonté à notre égard et de nous donner la force de l'exécuter. »

De retour chez moi, dans l'intimité de ma chambre, j'ai reçu un autre choc, une lettre de ma sœur. Je l'avais vue pour la dernière fois au poste de police où, avec regret, elle avait mis fin aux nombreux efforts de ma famille pour m'aider. « Même nos prières semblent inutiles, avait-elle dit, alors nous allons te laisser te défendre tout seul. » Sa lettre m'arrivait maintenant, demandant où et comment j'étais. Voyant par la fenêtre la suie et la saleté qui recouvraient les toits, et à l'intérieur, la pauvreté de ma chambre, j'ai songé avec amertume : « Oui, si seulement ils pouvaient me voir en ce moment ! » La grâce salvatrice était que je n'avais plus rien à perdre ni rien à demander à quiconque. Ou bien, était-ce le contraire ?

Tout mon idéal de jeunesse avait été balayé par l'alcool. Alors, tous mes rêves et aspirations, famille, travail, tout ce que j'avais déjà connu revenait me narguer. Je me suis rappelé m'être dissimulé derrière les arbres de mon ancien domicile pour voir mes enfants passer devant la fenêtre, avoir téléphoné à ma famille juste pour entendre des voix familières dire : « Allô ! Allô ! qui est là ? » avant de raccrocher.

Assis sur le lit, j'ai repris la lettre et je l'ai relue maintes et maintes fois. Dans mon angoisse, je ne pouvais plus en endurer davantage. Désespérément, j'ai crié : « Mon Dieu, m'as-tu abandonné ? Ou bien, est-ce moi qui t'ai abandonné ? »

Combien de temps s'est-il écoulé ? Je ne saurais le dire. En me relevant, je me suis senti attiré vers la fenêtre. Quel changement m'attendait ! Toute la malpropreté de cette ville industrielle avait disparu sous une couche de neige fraîche. Tout était nouveau, blanc et immaculé. Tombant à genoux, j'ai alors renoué ce contact conscient avec le Dieu que j'avais connu dans mon enfance. Je n'ai pas prié, j'ai simplement parlé. Je n'ai pas pensé, j'ai seulement soulagé un cœur lourd et une âme perdue. Je n'ai pas remercié, j'ai seulement supplié à l'aide.

Ce soir-là, finalement en paix avec moi-même pour la première fois depuis des années, j'ai dormi toute la nuit pour me réveiller au matin sans la crainte et la terreur d'une autre journée à vivre. Poursuivant ma prière de la veille, j'ai dit : « Je vais prendre l'emploi. Mais, mon Dieu, fais que Toi et moi nous agissions ensemble à partir de maintenant. »

Même si certaines journées ne m'ont apporté qu'un minimum de sérénité difficile, vingt-six ans plus tard je connais encore cette même paix intérieure qui vient du pardon à soi-même et de l'acceptation de la volonté de Dieu. Chaque matin, il y a de la foi dans la sobriété, cette sobriété qui n'est pas seulement l'abstinence d'alcool, mais le rétablissement progressif dans tous les domaines de ma vie.

Avec mon amie des AA, maintenant ma femme depuis vingt-cinq ans, j'ai renoué avec ma famille. Nous connaissons une vie plaisante et heureuse dans laquelle ma sœur et toute ma famille partagent des liens plus forts d'une affection renouvelée. Depuis ce fameux jour, je fais confiance et on me fait confiance.

Edmonton, Alberta

JE N'ÉTAIS PLUS SEULE

Il y avait trois ans que je rôdais autour et à l'intérieur du Mouvement, tantôt abstinente, tantôt « trichant » (avec moi-même, évidemment) un peu ou beaucoup. J'aimais les AA – je serrais la main à tout le monde, me tenant toujours à la porte de toutes les réunions des AA auxquelles j'assistais, et il y en avait beaucoup. J'étais une sorte d'hôtesse chez les AA. Malheureusement, j'avais encore beaucoup de problèmes avec *moi-même*.

Un membre de mon groupe me disait souvent : « Si seulement tu faisais la Troisième Étape... » Il aurait aussi bien pu me parler chinois ! Je ne pouvais pas comprendre. Même si j'avais déjà été une étudiante modèle au cours de religion du dimanche, j'en étais venue à m'éloigner de toute spiritualité.

À une certaine époque, j'ai réussi à demeurer abstinente d'alcool pendant six mois. Puis j'ai perdu mon emploi et à cinquante-quatre ans, j'étais certaine que je n'en trouverais pas un autre. Très effrayée et très déprimée, je ne pouvais pas envisager l'avenir et mon orgueil stupide ne me permettait pas de demander de l'aide à qui que ce soit. Je suis donc allée dans un magasin de spiritueux pour me procurer ma béquille.

Durant les trois mois et demi qui ont suivi, je suis morte cent fois. Pourtant, quand je le pouvais, je continuais à assister aux réunions des AA, mais je ne parlais à personne de mes difficultés. Les autres membres avaient appris à me laisser seule parce qu'ils savaient qu'ils ne pouvaient pas m'aider. Je comprends maintenant leur réaction.

Un matin, je me suis réveillée et j'ai pris la décision de rester au lit toute la journée. De cette façon, je ne pourrais pas boire d'alcool. J'ai maintenu ma décision et lorsque je me suis levée à 18 heures, je me sentais en sécurité puisque les magasins où l'on vendait de l'alcool étaient fermés à cette heure-là. Durant la nuit, j'ai été désespérément malade. J'aurais dû aller à l'hôpital. Vers dix-neuf heures, j'ai commencé à téléphoner à tous ceux à qui je pouvais penser, dans le Mouvement ou à l'extérieur, mais personne ne pouvait ou ne voulait venir à mon aide. Dans un dernier effort, j'ai téléphoné à un aveugle pour qui j'avais travaillé et cuisiné pendant plusieurs années et je lui ai demandé si je pouvais prendre un taxi pour me rendre à son appartement. Je lui ai dit que j'allais mourir et que j'avais peur.

Il m'a répondu : « Meurs et va au diable ! Je ne veux pas te voir ici. » (Plus tard, il m'a confié qu'il aurait voulu se couper la langue et qu'il avait pensé me rappeler. Dieu merci, il ne l'a pas fait !)

Je me suis couchée, convaincue que je ne me relèverais plus. Mon esprit n'avait jamais été aussi lucide. Je ne pouvais réellement pas trouver un moyen de m'en sortir. À trois heures du matin, je n'avais pas encore fermé l'œil. J'étais soutenue par des oreillers et mon cœur battait à m'en fendre la poitrine. Puis, mes membres ont commencé à engourdir, d'abord aux cuisses, puis aux bras.

J'ai pensé : « C'est fini. » Alors, je me suis tournée vers l'unique source que ma trop grande intelligence (à mon avis) ou ma trop grande stupidité m'avait empêchée d'y recourir plus tôt. J'ai supplié : « Mon Dieu, s'il te plaît, ne me laisse pas mourir de cette façon ! » J'avais mis dans ces quelques mots toute mon âme et tout mon cœur tourmenté. Presque instantanément, l'engourdissement a commencé à disparaître. J'ai senti une Présence dans la chambre. Je n'étais plus seule.

Dieu soit loué, je n'ai plus jamais ressenti la solitude depuis. Je n'ai jamais pris un autre verre d'alcool et mieux encore, je n'en ai jamais eu le désir. Le retour à la santé a été très long et les gens ont mis beaucoup de temps à me redonner leur confiance. Mais cela n'était pas important. *Je* savais que j'étais abstinente d'alcool et, d'une certaine façon, je savais qu'aussi longtemps que je vivrais selon la volonté de Dieu, je ne ressentirais jamais plus la peur.

On m'a récemment dit que j'avais une tumeur maligne. Au lieu de paniquer ou de me sentir déprimée, j'ai remercié Dieu pour les seize dernières années de temps emprunté qu'Il m'a accordé. On m'a enlevé cette tumeur ; je me sens bien et je profite de chaque minute de chaque jour. Je crois qu'il y aura encore beaucoup d'autres journées. Aussi longtemps que Dieu aura du travail pour moi, je demeurerai ici.

Lac Carré, Québec

UN HOMME NOUVEAU

J'ai essayé d'aider cet homme, une expérience humiliante. Personne n'aime être une faillite totale ; c'est un dur coup pour l'ego. Rien ne semblait fonctionner. Je l'ai amené aux réunions et il y restait assis sans bouger comme dans un brouillard. Je savais que seul son corps était présent. Quand j'allais chez lui, ou il était parti boire ou il se faufilait par la porte arrière comme j'entrais par celle d'en avant. Sa famille commençait vraiment à désespérer ; je pouvais sentir leur détresse.

C'est alors qu'il a connu la dernière d'une incroyable série d'hospitalisations. Il s'est rendu jusqu'au delirium tremens et à des convulsions si violentes qu'on a dû l'attacher à son lit. Il était dans le coma, nourri à l'aide de tubes intraveineux. À chacune de mes visites quotidiennes, il paraissait de plus en plus malade, aussi impossible que cela puisse paraître. Pendant six jours, il est demeuré inconscient, ne remuant qu'à l'occasion de ses crises spasmodiques.

Le septième jour, je lui ai de nouveau rendu visite. Passant devant sa chambre, j'ai remarqué qu'on l'avait détaché et que les tubes intraveineux avaient été enlevés. J'étais fou de joie ; il allait s'en tirer ! Le médecin et l'infirmière ont anéanti mes espoirs. Mon ami « s'en allait » très vite.

Après avoir pris les dispositions pour faire venir sa femme, j'ai pensé qu'étant catholiques, certains rites religieux devaient être observés. Nous étions dans un hôpital catholique, alors j'ai cherché et trouvé une religieuse (la mère supérieure, à ce que j'appris plus tard). Elle a demandé un prêtre et, avec une autre religieuse, m'a raccompagné à la chambre.

Nous avons décidé de nous asseoir tous les trois sur un banc dans le corridor, laissant le prêtre seul au chevet du malade. Sans nous consulter, nous nous sommes inclinés et avons commencé à prier – la mère supérieure, la religieuse et moi, un ministre presbytérien.

Il m'est absolument impossible de dire combien de temps nous avons passé là. Je sais que le prêtre était reparti pour vaquer à ses autres obligations. Un bruit en provenance de la chambre nous a subitement rappelés à la réalité. Levant les yeux, nous avons aperçu le patient assis sur le bord de son lit !

« Très bien, Dieu, disait-il, je ne veux plus jamais jouer le gérant d'estrade. Dis-moi ce que tu veux que je fasse, et je le ferai. »

Plus tard, les médecins nous ont dit qu'à leur avis, notre ami n'avait pas la force physique de bouger, encore moins de s'asseoir. Il n'avait pas prononcé un seul mot depuis son entrée à l'hôpital. Sa phrase suivante a été : « J'ai faim. »

Mais le vrai miracle, c'est ce qui lui est arrivé durant les dix années qui ont suivi. Il a commencé à aider les autres. Je veux dire vraiment aider ! Aucun appel n'était trop ardu, trop gênant, trop « désespéré ». Il a fondé le groupe des AA de sa ville et il devient mal à l'aise si vous le mentionnez aux autres ou si vous faites des commentaires élogieux sur ses nombreuses activités chez les AA.

Il n'est plus le même homme que celui à qui j'ai tenté de transmettre le message des AA. Moi, j'ai échoué dans toutes mes tentatives pour aider l'homme que je connaissais. Mais un Autre l'a transformé en un homme nouveau.

Bernardsville, New Jersey

L'IMAGE DU MAL

C'est arrivé vers trois heures du matin. J'étais dans le Mouvement depuis un peu moins d'un an. Je me trouvais seul dans la maison, ma troisième femme ayant divorcé avant mon entrée chez les AA. Je me suis réveillé avec le sentiment terrifiant de la mort imminente. Je tremblais et j'étais presque paralysé de peur. Même si c'était le mois d'août dans le sud de la Californie, j'avais tellement froid que je me suis enveloppé dans une épaisse couverture. Puis, j'ai allumé la chaufferette dans le salon et je m'y suis presque collé dessus. Au lieu de me réchauffer, je suis devenu tout engourdi et à nouveau, j'ai senti la mort approcher.

Je n'avais pas été une personne très croyante et je n'étais devenu membre d'aucune église après mon entrée dans les AA. Soudain, je me suis dit : « C'est le temps ou jamais de prier. » Je suis retourné à la chambre et suis tombé à genoux à côté du lit. J'ai fermé les yeux, j'ai caché ma figure dans les paumes de mes mains et je les ai placées sur le lit. J'ai oublié tous les mots que j'ai prononcés à haute voix, mais je me souviens avoir dit : « S'il te plaît, mon Dieu, apprends-moi à prier ! »

Alors, sans relever la tête ni ouvrir les yeux, j'ai été capable de « visualiser » tout le plan de la maison. Je pouvais aussi « voir » un homme immense debout de l'autre côté du lit, les bras croisés sur la poitrine. Ses yeux me fixaient avec haine et malveillance. Il était le symbole du mal sous toutes ses formes. Après une dizaine de secondes, je l'ai « vu » se retourner lentement, marcher vers la salle de bains et regarder à l'intérieur ; je l'ai « vu » se rendre à la seconde chambre à coucher, y jeter un regard, se diriger vers le salon et y jeter aussi un regard furtif, puis sortir de la maison par la porte de la cuisine.

Je demeurais dans ma position originale de prière. Au moment précis de son départ, j'ai senti venir vers moi comme un vibrant courant magnétique qui m'arrivait de toutes les directions de l'espace infini. En moins de quinze secondes, ce pouvoir formidable m'a atteint, est resté à peu près cinq secondes et lentement, s'est retiré vers son point d'origine. Il est impossible de décrire la sensation de soulagement que ce courant magnétique m'avait apporté. À ma façon maladroite, j'ai remercié Dieu, je me suis couché et j'ai dormi comme un enfant.

Depuis ce matin mémorable il y a vingt-trois ans, je n'ai jamais eu le désir de boire quoi ce soit d'intoxicant. Durant mes années chez les AA, j'ai eu le privilège d'entendre un autre membre décrire une expérience presque identique à la mienne. Faut-il croire, comme certains le pensent, que le départ de ma maison de cette personnification du mal symbolise la disparition dans ma vie du mal causé par l'alcoolisme ? C'est possible. L'autre partie de mon expérience symbolise pour moi l'amour tout-puissant et purificateur d'une Puissance supérieure que je suis maintenant heureux d'appeler Dieu.

San Diego, Californie

NOYADE

Avant d'entrer dans un centre de traitement pour alcooliques, j'avais connu une période d'abstinence chez les Alcooliques anonymes. Je sais maintenant que j'étais allé chez les AA pour sauver mon mariage, mon emploi et mon foie, mais à l'époque, personne n'aurait pu me convaincre que je n'avais pas recherché les AA pour des raisons valables. En sept mois, mon foie était rétabli et je me suis enivré pendant six semaines pour aboutir finalement au centre de traitement.

J'ai su lors de ma huitième nuit dans ce centre que j'étais mourant. J'étais tellement faible que je ne pouvais respirer qu'à petits souffles très espacés. Si on avait déposé un verre d'alcool à un pouce de ma main, je n'aurais pas eu la force de le prendre. Pour la première fois de ma vie, j'étais acculé au mur et je ne pouvais pas combattre, tricher, mentir, voler ou soudoyer. J'étais pris au piège et pour la première fois de ma vie, j'ai murmuré une prière sincère : « Mon Dieu, s'il te plaît, aide-moi. » Je n'ai pas marchandé avec Lui ; je ne Lui ai pas suggéré quand ni comment Il devait m'aider.

Je suis immédiatement devenu calme et détendu. Il n'y a pas eu d'éclair ni de tonnerre, même pas une petite voix douce. J'avais peur. Je ne savais pas ce qui était arrivé. Je me suis endormi et quand je me suis éveillé le lendemain matin, j'étais frais et dispos, et j'avais faim. La chose la plus merveilleuse était que pour la première fois de ma vie, ce voile de peur sombre et mystérieux s'était levé. Ma première pensée a été d'écrire à ma femme pour lui raconter l'expérience, et je l'ai fait. Imaginez d'être capable d'écrire une lettre considérant l'état dans lequel je me trouvais la nuit précédente !

Je suis certain que plusieurs décriraient cette expérience comme un exemple d' « abandon à Dieu ». Pas moi ! Pas l'entêté que j'étais ! Je m'étais accroché à ce fil ténu de ma volonté jusqu'à ce qu'il se brise et alors j'ai été saisi par les « bras éternels ». Il a fallu que je sois réduit à l'impuissance, comme un noyé qui se bat avec son sauveteur.

Je suis retourné chez les AA, mais j'ai longtemps hésité à parler de mon expérience. J'avais peur qu'on ne me croie pas et qu'on se moque de moi. J'ai appris plus tard que d'autres membres avaient eu des expériences semblables à la mienne.

À mon avis, une expérience spirituelle, c'est ce que Dieu accomplit pour un être humain alors qu'il est absolument incapable de le faire par lui-même. Un réveil spirituel, c'est ce que fait un homme lorsqu'il désire voir sa vie transformée en suivant un programme éprouvé de croissance spirituelle. Et cette aventure n'a pas de fin.

Raleigh, Caroline du Nord

LA PRIÈRE 3

*Chez les AA, nous avons découvert
que les résultats bénéfiques de la prière
ne font aucun doute. Nous les connaissons
et nous en avons fait l'expérience.
Tous ceux qui ont persisté
ont acquis une force qu'ils ne
possédaient pas ordinairement.
Ils ont trouvé une sagesse qui
dépasse leur capacité usuelle.
Ils ont aussi développé peu à peu
une paix d'esprit qui se maintient
dans les circonstances difficiles.*

Bill W.

« Les Douze Étapes et les Douze Traditions », p. 119

UN BESOIN INFINI

En fait, j'ai toujours trouvé plutôt difficile de laisser la volonté supérieure et parfaite d'Allah diriger ma vie et gouverner ma volonté. Pourtant, lorsqu'il m'arrive de faire d'humbles efforts pour accepter avec sérénité Sa volonté à mon égard dans certaines circonstances de ma vie, je me sens absolument soulagé du poids que j'ai porté sur mes épaules. Ma pensée ne s'égare plus et mon cœur est rempli de joie à chacune de mes respirations.

Ma plus merveilleuse découverte est que la prière donne des résultats. Je commence à percevoir Allah comme un Créateur plein d'amour qui s'intéresse à moi d'une façon particulière. Sinon, il ne m'aurait pas conduit vers les AA et il ne m'aurait pas accordé tant de chances de me relever de mes chutes. Il est patient et miséricordieux.

Même si un inventaire moral et un examen quotidien nous révèlent une myriade d'imperfections dans notre comportement, il nous est impossible, en tant qu'êtres humains, de démêler toutes les faiblesses de notre personnalité. Alors, le soir, quand je Le remercie pour la sobriété de la journée, je Lui demande en plus de m'aider à m'améliorer et de me donner la Sagesse de découvrir ces faiblesses en moi que je ne vois pas.

Bref, le besoin de prier est infini !

Karachi, Pakistan

PLUS QU'UN SYMBOLE

Il n'y a pas si longtemps, durant ma période d'alcoolisme actif, lorsque mes forces ou ma conscience s'estompaient, je trouvais toujours le moyen de mettre un genou par terre avant de me laisser choir dans mon lit. En m'agenouillant, je bredouillais : « Mon Dieu, me voici ! Je suis soûle. » Je ne dis pas cela pour qu'on me félicite d'avoir conservé un certain vestige de la foi de mon enfance, mais pour démontrer que l'on demeure profondément ancré à des symboles, même si on en a oublié le sens.

Mais lorsque ma vie a pris un nouveau tournant de façon miséricordieuse et que j'ai tout remis entre les mains des AA – parce que je ne pouvais faire autrement pour continuer à vivre – une nouvelle prière a remplacé l'ancienne. D'un ton monotone, chaque fois que je me trouvais seule, je répétais : « Mon Dieu, redonne-moi la raison. »

La réponse est finalement arrivée. J'étais surprise de constater que j'étais saine d'esprit ! Pouvoir voir clairement « ce que j'étais » à cette période de ma vie me donnait l'impression d'être clairvoyante. Je voyais la vie de quelqu'un que je n'avais vraiment jamais connu, même si je savais tout ce qui lui était arrivé. Je ne suis pas assez perspicace pour comprendre comment ou pourquoi, mais au moins, je sais que je peux voir les tendances de ce comportement.

Depuis l'avènement de ce miracle discret, quand j'ai découvert avec joie que je n'avais pas besoin de boire et que je ne le voulais pas, j'ai continué à prier. Maintenant je fais des prières personnelles et amusantes, comme celle tirée d'une chanson, pour demander la paix sur terre, et tout d'abord en moi. La plupart de mes prières sont des courts mercis pour une faveur obtenue ou pour la grâce de m'avoir permis de réfléchir avant d'agir ou de réagir. Mes relations avec Dieu se sont améliorées, tout comme celles d'un enfant avec son père humain. J'apprécie davantage Sa bonté et Sa sagesse.

Nashville, Tennessee

« COMMENT PRIES-TU ? »

Lorsque je buvais, j'ai souvent demandé à Dieu de m'aider, mais j'en venais invariablement à Lui lancer tous les blasphèmes auxquels je pouvais penser et à Lui dire : « Si Tu es tout-puissant, pourquoi m'as-Tu laissé m'enivrer encore une fois et aboutir dans cette misère épouvantable ? »

La prière

Un jour, alors que j'étais assis sur le bord de mon lit, me sentant terriblement seul et m'apprêtant à glisser une cartouche dans mon fusil, je me suis écrié : « S'il y a un Dieu, qu'Il me donne le courage de presser la gâchette ! »

Une voix douce et claire m'a répondu : « Débarrasse-toi de cette cartouche ». J'ai ouvert la porte et je l'ai jetée dehors.

Dans le moment de calme qui a suivi, je suis tombé à genoux et j'ai de nouveau entendu la même voix : « Appelle les Alcooliques anonymes. »

J'en étais sidéré. J'ai regardé autour, me demandant d'où venait cette voix et j'ai crié : « Mon Dieu ! » J'ai bondi et j'ai couru au téléphone. Comme je saisissais l'appareil, j'ai laissé tomber le récepteur. Je me suis assis par terre et d'une main tremblante, j'ai composé le « 0 » et j'ai crié à la standardiste d'appeler les AA.

« Je vous communique les renseignements », me dit-elle.

« Je tremble trop pour composer le moindre numéro. Va au diable ! »

Je ne peux expliquer pourquoi je n'ai pas raccroché. Je restais là, assis sur le plancher, le récepteur collé à l'oreille. Finalement j'ai entendu : « Bonjour ! Ici les Alcooliques anonymes. Puis-je vous aider ? »

Après quatre mois d'abstinence chez les AA, nous avons recommencé, ma femme et moi, à vivre ensemble. J'avais toujours dit que c'était sa faute si je buvais trop ; ses récriminations continuelles et ces braillards d'enfants pouvaient pousser n'importe qui à boire. Mais après trois mois de vie commune, j'ai vu à quel point c'était une femme et une mère merveilleuse. Pour la première fois, j'ai compris la différence entre aimer vraiment et exploiter quelqu'un.

Puis, c'est arrivé. J'avais toujours eu peur d'aimer. Pour moi, aimer, c'était perdre. Je croyais que Dieu avait choisi ce moyen pour me punir de tout le mal que j'avais fait. Ma femme est tombée très malade et transportée d'urgence à l'hôpital. Le médecin m'a finalement avoué qu'elle avait le cancer. Elle ne supportera peut-être pas l'intervention chirurgicale, a-t-il dit, et si elle la supportait, ce ne serait qu'une question d'heures avant qu'elle ne meure.

J'ai fait volte-face et j'ai traversé le corridor en courant. Je ne pensais qu'à me procurer une bouteille d'alcool. Je savais que c'est exactement ce que je ferais si je franchissais les portes de l'hôpital. Mais une Puissance plus forte que la mienne m'a arrêté et je me suis écrié : « Pour l'amour de Dieu, garde, appelez les AA pour moi ! »

Je me suis précipité vers la salle de toilette des hommes et je suis resté là à pleurer, demandant à Dieu de prendre ma vie plutôt que celle de ma femme. Une fois de plus, la peur m'a envahi et rempli d'apitoiement, je me suis demandé : « Est-ce la récompense que je reçois pour essayer de pratiquer ces maudites étapes ? »

J'ai levé les yeux et j'ai vu plein d'hommes qui me regardaient. Il m'a semblé qu'ils me tendaient tous la main en même temps et me donnaient leurs noms me disant : « Nous sommes des AA. »

« Pleure tout ton soûl, me dit l'un d'eux. Tu te sentiras mieux. Nous comprenons. »

Je leur ai demandé : « Pourquoi Dieu me traite-il ainsi ? J'ai tellement essayé et voilà que ma pauvre femme... »

Un des hommes m'a interrompu pour dire : « Comment pries-tu ? » Je lui ai répondu que j'avais demandé à Dieu de me prendre à la place de ma femme. Il a alors répliqué : Pourquoi ne demandes-tu pas à Dieu de te donner la force et le courage d'accepter Sa volonté. Dis : « Mon Dieu, que *ta* volonté soit faite et non la mienne. »

Pour la première fois de ma vie, j'ai prié pour que sa volonté soit faite. En revoyant mon passé, j'ai découvert que j'avais toujours demandé à Dieu d'organiser les choses à ma manière.

J'étais assis dans le couloir avec des membres des AA lorsque deux chirurgiens sont arrivés. L'un des deux m'a demandé : « Peut-on vous parler en privé ? »

Je me suis entendu répondre : « Peu importe ce que vous avez à me dire, dites-le devant eux, ce sont mes proches. »

Alors, le premier médecin a dit : « Nous avons fait tout ce que nous pouvons pour elle. Elle est encore vivante, mais c'est tout ce que nous pouvons dire ».

Un des membres des AA a mis son bras autour de moi et m'a dit : « Pourquoi ne la remets-tu pas entre les mains du plus grand Chirurgien ? Demande-lui le courage d'accepter. » Nous nous sommes tous tenus par la main et nous avons récité la Prière de la Sérénité.

J'ignore combien de temps s'est écoulé. La première chose que j'ai entendue était la voix d'une infirmière. Elle m'a dit d'une voix douce : « Vous pouvez voir votre femme maintenant, mais seulement quelques minutes. »

Me hâtant vers la chambre, j'ai remercié Dieu de m'accorder la chance de pouvoir dire à ma femme combien je l'aimais et combien je regrettais mon passé. Je m'attendais à voir une femme mourante. À ma grande surprise, elle arborait un large sourire et des larmes de joie inondaient sa figure. Elle a essayé de me tendre les bras et d'une voix faible, elle m'a dit : « Tu ne m'as pas laissée seule pour aller t'enivrer. »

Il y a maintenant trois ans et quatre mois de cela. Nous sommes encore ensemble aujourd'hui. Elle fréquente le mouvement des Al-Anon et moi, les AA. Nous vivons tous les deux dans le présent, un jour à la fois.

Dieu a exaucé mes prières grâce à l'intervention des AA.

Huntington Beach, Californie

DIEU M'A TROUVÉ !

Je crois que Dieu m'a trouvé plus que je l'ai trouvé. Comme lorsqu'un enfant tente ses premiers pas ; il tombe et tombe encore et encore, mais il vaut mieux ne pas essayer de l'aider jusqu'à ce qu'il comprenne qu'il ne peut pas marcher seul. Alors, il vous tend la main. J'en étais rendu au point où je n'avais plus d'alternative. C'était le désespoir presque total. Alors, et seulement alors, avec simplicité et honnêteté, j'ai demandé à Dieu de m'aider. J'ai senti Sa présence immédiatement, comme je la ressens en ce moment.

Nashville, Tennessee

UNE PETITE CARTE BLANCHE

Lorsque je suis arrivée chez les AA, j'étais une athée avouée, agnostique à temps partiel et réactionnaire à plein temps – en guerre avec tout, tous, et en particulier avec Dieu. (Je suppose que cela provenait des efforts que je faisais pour m'accrocher au Dieu de mon enfance.) J'étais la femme la plus désorientée, la plus confuse et la plus impuissante sur terre. C'est comme si j'avais perdu foi en moi-même, puis en l'humanité, et finalement en Dieu. Il n'y avait qu'un aspect positif à mon refus de croire que j'avais un Créateur : j'avais sûrement soulagé Dieu d'une embarrassante responsabilité.

Pourtant j'avais vécu une expérience spirituelle le soir où j'ai téléphoné aux AA, même si je ne l'ai compris que plus tard. Deux « anges » sont venus m'apporter un véritable message d'espoir et me parler des AA. Mon parrain a ri lorsque plus tard, j'ai nié avoir prié pour obtenir de l'aide. Je lui ai dit que la seule fois où j'avais prononcé le nom de Dieu avait été lorsque, constatant avec désespoir que je ne pouvais ni me soûler ni rester à jeun, j'avais crié : « Mon Dieu, qu'est-ce que je vais faire ? »

Mon parrain m'a répondu : « Je crois que cette première prière était excellente, de la part d'une athée. De plus, elle n'est pas restée sans réponse. » C'était vrai.

Alors que j'étais davantage dans un état de rigidité cadavérique que celui d'un lendemain de cuite, on m'a traînée à ma première réunion des AA, à quatre-vingt kilomètres de ma résidence. En route, nous sommes arrêtés chez un membre et j'ai aperçu pour la première fois la Prière de la Sérénité sur une plaque murale. Ce fut un choc ! Je me suis dit : « Comme d'habitude, je me suis encore mis les pieds dans les plats avec mon alcool. J'espère, pour l'amour du ciel, que cette prière n'est pas reliée aux AA ! » Pendant tout l'après-midi, j'ai évité de la regarder.

J'étais loin de penser que vingt-quatre heures plus tard, la Prière de la Sérénité deviendrait ma compagne, mon espoir et mon salut pendant les cinq jours et les cinq nuits horribles qui ont suivi.

Une fois rendue à la réunion fermée des AA dans la soirée, mon attitude a commencé à changer malgré moi. Ces gens avaient quelque chose que je n'avais pas, et que je voulais ! (Plus tard, j'ai compris qu'ils avaient une Force et une Sagesse qui leur venaient d'un Dieu d'amour tel qu'ils Le concevaient.) Ils agissaient comme si j'étais une réponse à leur prière et comme s'ils me voulaient réellement avec eux. (Finalement la confiance que les membres des AA m'ont manifestée m'a amenée à croire en eux, ensuite en moi-même et enfin, en Dieu.)

Une des femmes m'a donné une petite carte blanche où était imprimée la Prière de la Sérénité. « Et si je ne crois pas en Dieu ? » ai-je demandé.

La prière

Elle m'a répondu en souriant : « Bon, mais je pense que Lui, croit en toi. N'as-tu pas dit que tu ferais n'importe quoi ? » Elle a ajouté : « Accroche-toi à cette carte comme à la vie ! Si tu es tentée de prendre ton premier verre, lis-la. Ou encore, lis-la si tu rencontres des difficultés trop grandes pour toi. »

À la maison, vingt-quatre heures plus tard, j'ai commencé à m'accrocher à cette petite carte « comme à la vie ». L'homme, qui était mon mari depuis vingt-cinq ans, a fait une crise de delirium tremens. Dans sa folie, il m'a empêchée de téléphoner ou d'aller chercher de l'aide. Pendant cinq jours et cinq nuits, ni lui ni moi n'avons pu dormir. Il y a eu des moments où je faisais partie de ses cauchemars et où ma vie était menacée.

Durant toute cette période, je ne me suis jamais séparée de la carte. J'ai lu et relu la Prière de la Sérénité. Même si notre maison contenait autant d'alcool qu'un bar, le miracle fut que je n'ai même pas pris un verre ! Moi ! – qui avais toujours résolu mes problèmes avec l'alcool ! Je me suis plutôt accrochée à cette petite carte et j'en ai murmuré les mots, inlassablement, pendant cinq jours et cinq nuits. Je ne me souviens pas d'avoir pris la décision de croire. J'avais seulement l'impression que le Dieu des AA pouvait avoir pitié de moi et m'aider. Mais j'en étais certes venue à croire que j'étais impuissante. Comme il est dit dans notre Gros Livre : « Il y a des moments où l'alcoolique se trouve mentalement démuni devant le premier verre. Sauf de rares exceptions, lui, ni aucun autre être humain, ne peut lui fournir les moyens de se défendre. Le secours doit lui venir d'une Puissance supérieure. »

Tout cela si peu de temps après ma première réunion des AA ! Toute cette expérience m'a amenée à écouter attentivement les récits des autres membres qui en étaient venus à croire ; cela m'a permis de lire et de relire le chapitre « Nous les agnostiques » dans le Gros Livre, ainsi que les passages sur le même sujet dans le livre, « Les Douze Étapes et les Douze Traditions ». Enfin, j'en suis venue à la conclusion qu'il y avait « une manière plus facile et plus douce » – plus facile que toutes celles que j'avais essayées avant d'arriver chez les AA. J'en suis venue à croire.

Je ne dois jamais oublier... J'ai toujours en ma possession une petite carte en lambeaux de la Prière de la Sérénité, qui m'a sauvée de la folie, a préservé mon abstinence et m'a redonné foi en Dieu tel que je Le conçois.

Brighton, Colorado

ENTENDU AUX RÉUNIONS

« Bien des gens prient comme s'ils voulaient vaincre la volonté d'un Dieu mal disposé à leur égard au lieu de chercher à comprendre la volonté d'un Dieu d'amour. »

« Il est sage de prier pour l'avenir, mais non de s'en soucier, parce que nous ne pouvons pas le vivre avant qu'il se transforme en présent. La profondeur de notre angoisse mesure la distance qui nous sépare de Dieu. »

« Si nous avons l'occasion d'aider de quelque façon ceux que nous aimons ou d'autres personnes en difficultés, n'hésitons pas à le faire. Sinon, prions pour eux et soyons assurés qu'ainsi, nous aidons à relier leurs esprits à l'influence de Dieu. Mais n'attendons pas une réponse le même jour. L'important, c'est de ne pas annuler l'effet de nos prières en cédant ensuite à l'inquiétude. (Il existe une grande différence entre la préoccupation et l'inquiétude.) La foi constante et sans condition est la meilleure. »

Sydney, Australie

DÉLIVRANCE DE L'OBSESSION 4

Aux derniers stades de notre alcoolisme, la volonté de résister a fui. Pourtant, lorsque nous admettons notre défaite totale et lorsque nous devenons entièrement disposés à faire l'essai des principes des AA, notre obsession d'alcool nous quitte et nous découvrons une nouvelle dimension : la liberté entre les mains de Dieu tel que nous le concevons.

Bill W.

Lettre, 1966

L'ABANDON TOTAL

Ce qui m'a toujours le plus impressionné au sujet du programme et de moi-même, c'est le défi constant et continuel d'essayer de revivre un peu le ravissement ressenti au moment de mon abandon total lorsque je suis arrivé chez les AA. Je n'ai jamais plus éprouvé cette paix intérieure particulière. Aujourd'hui, après toutes ces vingt-quatre heures accumulées, je me rends compte qu'elle ne se reproduira probablement jamais plus. J'ai failli la retrouver en quelques occasions, mais ce n'est jamais la même chose.

Je pense qu'il existe un lien entre ce sentiment et le besoin que nous éprouvions au moment où nous avons connu le programme. Notre motivation, je crois, est un mélange de notre souffrance excessive et de la grâce de Dieu. Quel curieux mélange ! Je ne saurais comment l'expliquer à qui que ce soit en dehors des AA.

Des Plaines, Illinois

IL A PRIS LE CONTRÔLE

Je ne pouvais pas croire que l'abstinence d'alcool me serait bénéfique. Ma femme travaillait, je possédais une belle maison, une grosse voiture et des cartes de crédit, pourquoi aurais-je eu besoin d'aide ? Je ne pouvais pas croire qu'il pourrait encore y avoir du plaisir dans la vie sans alcool, sans clubs de nuit et sans les filles qui s'y trouvaient. Je ne pouvais pas croire que « ces ivrognes » qui faisaient partie des AA étaient aussi intéressés à mon bien-être qu'ils le disaient. Et je ne pouvais certainement pas croire que ces anciens patients des établissements psychiatriques pourraient m'enseigner un meilleur mode de vie.

Je n'avais pas non plus besoin d'eux pour me parler de Dieu. Ma grand-mère, mes tantes et plusieurs autres personnes s'en étaient chargées. Même si je ne tenais pas à être considéré comme chrétien, je croyais à l'existence d'un certain Dieu, quelque part, qui m'aiderait si jamais j'avais vraiment besoin de secours extérieur. Mais je me sentais assez grand et assez intelligent pour m'aider moi-même ! Alors, je ne demandais l'aide ni de Dieu, ni de personne.

Au cours des trois dernières années, tout en faisant des chassés-croisés avec le Mouvement, l'alcool a noyé toutes mes raisons de ne pas avoir besoin des AA. Un soir, assis seul dans mon appartement, je comptais ma fortune – quatre-vingt-neuf cents. Il n'y avait plus de nourriture. Est-ce que je devrais dépenser quatre-vingt-cinq cents pour une autre bouteille de vin ?

Oui, il le fallait ! Il me serait impossible, le lendemain matin, d'affronter les gens sans un verre d'alcool. Par contre, je n'aurais pas à faire face aux gens le lendemain matin car je n'avais plus d'emploi, plus d'épouse pour me narguer, plus d'enfants pour me quémander de l'argent pour l'école.

Que pouvais-je faire ? À ce moment-là, à bout de force, je refusais même de tenter de trouver une solution. Dans un geste désespéré, souhaitant qu'Il soit à l'écoute, je me suis agenouillé à côté de ma bouteille de vin vide et, bien simplement, j'ai prié : « Mon Dieu, de grâce, aide-moi ».

La réponse est venue immédiatement. J'ai compris que je serais capable, d'une manière ou d'une autre, de vivre cette nuit-là – et même de faire face à la lumière du jour – sans une autre bouteille.

Le lendemain, je suis allé à une maison de thérapie pour hommes alcooliques. Durant cette cure, alors que j'assistais chaque jour à des réunions des AA et que je discutais d'alcoolisme et d'abstinence avec des membres dont la sobriété s'échelonnait d'un jour à vingt-cinq ans, j'en suis venu à croire.

Pour cette nuit-là, la Puissance supérieure m'avait enlevé l'obsession constante de l'alcool et m'avait guidé vers les AA. L'obsession est pourtant revenue. J'ai dû la combattre sans relâche alors même que j'essayais, avec toute la sincérité dont j'étais capable, de mettre en pratique le programme des AA. Quand on lisait les Étapes, les mots « Dieu, tel que nous Le concevions » me tracassaient. Ces gens-là possédaient quelque chose que je ne pouvais saisir. Je n'avais jamais été capable de comprendre Dieu et cela continuait. Le fait de changer Son nom pour « Puissance supérieure » ne m'aidait aucunement.

Un des membres plus expérimentés s'est servi de la métaphore de l'électricité, que j'ai retrouvée plus tard dans le Gros Livre. « Celui qui entre dans une pièce obscure, m'a-t-il dit, ne cherche pas à comprendre l'électricité. Il cherche simplement le commutateur et allume la lumière. » Ce membre m'a par la suite expliqué comment chacun de nous peut déclencher le courant de la spiritualité s'il demande à Dieu, chaque matin, de lui accorder un autre jour d'abstinence et si, chaque soir, il Le remercie pour une autre journée sans alcool. Il a ajouté : « Si tu n'y crois pas réellement, fais-le d'une façon mécanique. Mais fais-le chaque jour. Personne ne comprend les voies mystérieuses de la Puissance supérieure et cela n'est pas nécessaire. Dieu, lui, nous comprend. »

C'est ainsi que j'ai commencé à prier matin et soir. Parfois, j'étais sincère ; parfois, je ne l'étais pas. Je me suis trouvé un emploi parce que je n'avais plus peur d'en chercher un. Ce n'était pas le genre de travail dont on pouvait se glorifier et le salaire était minime. Toutefois, il me permettait de subvenir à mes propres besoins et j'ai pu quitter la maison de thérapie pour m'installer dans un modeste appartement.

Un certain samedi soir, mon apitoiement a pris des proportions démesurées. J'en étais arrivé là après deux mois d'abstinence et d'efforts pour suivre le programme. Mon désir d'honnêteté était si grand qu'il me blessait. Il me fallait combattre sans relâche ma soif physique d'alcool. Qu'est-ce que j'en avais retiré ? Rien. Une vie solitaire dans un logement misérable. Un travail que je détestais. Un salaire à peine suffisant pour me permettre de déposer un vingt-cinq cents dans le panier des « non contributions ».

Au diable les efforts – aussi bien aller me saouler ! Je me suis dirigé vers mon bar préféré au temps de mes dernières beuveries et inconsciemment, je me suis trompé trois fois de direction – dans un quartier que je connaissais très bien – et je me suis retrouvé devant un club AA. Avant que je m'en rende compte que j'avais pris la mauvaise route, j'étais déjà rendu devant la porte.

Eh bien, je vais entrer leur dire au revoir... Je me suis plutôt retrouvé dans une réunion des AA avoisinante avec deux amis, et elle fut si enrichissante que j'en ai oublié de faire la tournée des bars.

De retour à mon appartement, lorsque j'ai touché le commutateur pour éclairer la pièce, une autre lumière s'est faite. Une lumière à l'intérieur de mon esprit obscurci !

Ce soir-là, avec ferveur, j'ai remercié ce Dieu que je ne comprenais pas d'avoir pris contrôle de mon corps et de mon esprit assez longtemps pour me ramener chez mes amis des AA et m'éviter « une cuite de trop ». Sur le champ, j'en suis venu à croire que Dieu pouvait faire et ferait pour moi ce qu'aucune puissance humaine ne pouvait faire. Depuis, je n'ai plus jamais eu l'obsession de l'alcool. J'en suis venu à croire que tout ce qui contribue à une meilleure vie est rendu possible en vivant quotidiennement le mode de vie des AA avec l'aide d'un Dieu compréhensif, mais que je ne comprends toujours pas.

San Diego, Californie

« APRÈS DIEU »

La soif d'alcool m'a été enlevée et n'est jamais revenue dès que j'ai accepté la Troisième Étape, lors d'une terrible tempête dans le nord de l'océan Pacifique. Après tout, vous ne pouvez rien trouver à redire là-dessus. La définition du capitaine d'un navire, selon Lloyd's de Londres, est « maître après Dieu ».

Marin AA, membre des Internationaux

UNE NOUVELLE SENSATION

Depuis l'enfance, j'ai cru en Dieu, mais j'ai cessé de fréquenter l'église lorsque l'alcool a pris le dessus. Pendant onze ans, je n'ai pas connu une seule journée d'abstinence d'alcool, sauf les quelques fois où j'ai été hospitalisé ou sous les soins d'un médecin. Je priais souvent, mais j'avais l'impression de ne pas rejoindre Dieu.

Un jour, vers la fin de ces années, j'ai fait l'erreur de mélanger l'alcool avec des médicaments prescrits par mon médecin. Ma femme était certaine que j'étais mort. Le lendemain, le médecin a déclaré que si son téléphone avait été occupé, n'eut été que quelques minutes lorsque ma femme a téléphoné, il aurait été

Délivrance de l'obsession

trop tard – à son arrivée, mon pouls était imperceptible. Et pourtant, après deux semaines d'hospitalisation et huit autres sans alcool, j'ai recommencé à boire. Moins de deux mois plus tard, j'en étais arrivé à souhaiter mourir, mais je ne le pouvais pas.

Au Texas, ma sœur avait rencontré un membre des AA et après avoir reçu une lettre d'elle, j'ai accepté d'entrer en contact avec un membre dans ma ville. J'aurais parié n'importe quoi que cette démarche serait inutile, mais je suis allé le rencontrer. Il m'a prêté son Gros Livre et m'a conseillé d'essayer de le lire l'esprit clair, puis de le rencontrer le jeudi suivant pour assister à une réunion des AA.

J'ai dit à ma femme que je n'avais jamais parlé à un homme qui semblait comprendre mon problème autant que lui. Vers dix-neuf heures, je suis allé à la salle de bain, vers l'armoire à médicaments où je gardais l'alcool et j'ai bu une bonne rasade d'une bouteille que je venais d'acheter. Maintenant, j'étais prêt à lire le livre des AA. Après une heure de lecture, je me suis levé automatiquement pour aller prendre une autre rasade. Je me suis retenu, me rappelant que j'avais promis de lire avec un esprit clair. Alors, j'ai retardé de prendre mon verre d'alcool et j'ai continué à lire.

Quand je suis arrivé au chapitre « Nous, les agnostiques », j'ai lu : « Nous n'avions qu'une petite question à nous poser : 'Est-ce que je crois, ou veux croire en l'existence d'une Puissance supérieure à moi-même ?' » Cela m'a fortement impressionné.

Je suis retourné à la salle de bains pour prendre un grand verre d'alcool avant de me coucher, comme je l'avais fait chaque soir depuis nombre d'années. Au moment où j'allais prendre la bouteille, l'idée m'est venue que si je demandais à Dieu de m'aider juste un petit peu, Il m'entendrait... peut-être. J'ai éteint la lumière et pour la première fois de ma vie, j'ai parlé à Dieu en toute honnêteté et en toute sincérité : « Mon Dieu, si Tu le veux bien, écoute-moi. Tu sais bien, mon Dieu, que je ne fais rien de bien pour ma famille, pour mes amis ou pour moi-même. L'alcool a eu raison de moi et je ne peux rien y faire. Maintenant, si Tu le veux, donne-moi une nuit de repos sans alcool. »

Je suis allé me coucher. La première chose que j'ai sue, il était six heures trente du matin, l'heure de me lever. Assis sur le bord de mon lit, pour la première fois depuis nombre d'années je n'éprouvais pas de sueurs froides et je ne tremblais pas. J'en ai conclu que j'avais dû me lever pour prendre un verre aux petites heures du matin. Mais non, la bouteille était là, intacte, telle que je l'avais laissée le soir précédent.

Je me suis rasé sans prendre d'abord six ou huit onces d'alcool. Je suis allé dans la cuisine et j'ai raconté à ma femme le changement qui s'opérait et la nouvelle sensation que j'éprouvais. J'ai même bu mon café, dans une tasse, d'une seule main, au lieu de le boire dans un gros bol en le tenant à deux mains. J'ai dit à ma femme : « Si Dieu *est* en train de m'aider, j'espère de tout mon cœur qu'Il va continuer à le faire. » Elle m'a répondu qu'il le ferait si j'essayais de m'aider moi-même.

Le jeudi soir, j'ai rencontré le membre des AA et nous avons assisté à ma première réunion. J'y ai rencontré des gens des plus compréhensifs et des plus merveilleux. J'avais quarante-trois ans. J'en ai maintenant soixante et onze. En toute honnêteté, je peux affirmer que je n'ai jamais été même tenté par une rechute. Avec Dieu comme partenaire silencieux, je suis certain de pouvoir demeurer abstinent d'alcool encore un autre vingt-quatre heures.

Evansville, Indiana

« SERS-TOI DE MOI »

Je me suis joint aux AA en octobre. Pourtant, j'ai bu le jour de Noël et la veille du Premier de l'an, sans conséquences désastreuses. Je suis retourné à mon groupe des AA, fier d'avoir survécu à la période des fêtes. Je viendrais à bout de l'alcool. Il ne *m*'avait pas encore vaincu !

Deux semaines plus tard, on m'a trouvé fin soûl. Je n'avais pas planifié cette cuite ; je n'y avais même pas pensé. J'ai simplement commencé à boire sans pouvoir m'arrêter avant d'être ivre mort. En moi, quelque chose n'allait pas. J'étais atteint d'une maladie qui atteignait le plus profond de mon âme. Je ne pouvais plus m'endurer. Je ne pouvais plus regarder mes enfants dans les yeux. Je ne pouvais plus faire face à quoi que ce soit.

Encore une fois, je me suis traîné au groupe des AA. J'ai *vraiment* écouté et pour la première fois, j'ai entendu le message. Ce soir-là, je suis retourné chez moi dans un état d'engourdissement. Je faisais face à une situation sans savoir comment l'affronter. Ma chance n'allait pas tourner. C'est *moi* qui devrais changer. En étais-je capable ? Dieu, tel que je Le concevais, était certes dégoûté de moi. J'avais conclu des marchés avec lui, j'avais essayé de l'enjôler et j'avais manqué à toutes les promesses que je Lui avais faites. Comment pouvais-je me tourner vers Lui maintenant ?

Alors que j'étais assis dans la salle de réunion vide, je pouvais entendre ces paroles : « Car Dieu a tant aimé le monde... Car Dieu a *tant aimé* le monde... »

Les mots que j'ai finalement prononcés semblaient m'avoir été arrachés de la bouche : « Mon Dieu, où trouverai-je la force de vaincre mon alcoolisme? » La voix qui m'a répondu était calme et d'une douceur indescriptible. « Tu en as la force. Tout ce qui te reste à faire, c'est de t'en servir. Je suis ici. Je suis avec toi. Sers-toi de *moi*. »

Ce jour-là fut celui de ma renaissance. Depuis lors, le besoin d'alcool m'a quitté. Durant les onze années qui ont suivi, j'ai trouvé dans l'abstinence d'alcool ce que j'avais cherché dans la bouteille. Je désirais la paix ; Dieu m'a donné la paix. Je cherchais l'acceptation ; Dieu m'a accepté. Je voulais être aimé ; Dieu m'a assuré de Son amour.

Mes enfants ont grandi. Ils sont aujourd'hui de beaux enfants qui, chaque jour, mettent systématiquement en pratique le programme des AA – amour, service et honnêteté. Nous avons tous grandi ensemble, ce qui nous a rendus bons amis.

Honolulu, Hawaï

DEMEURER SOBRE GRÂCE À L'AMOUR

Je fréquentais les réunions des AA depuis presque deux ans, mais je ne pouvais pas demeurer abstinent d'alcool. Un jour, je me suis retrouvé dans une petite chambre du centre-ville de Toronto. À cause de l'alcool, j'avais perdu l'amour et le respect d'une femme charmante, de quatre enfants en parfaite santé, d'une mère, d'un père, d'autres parents et amis. J'étais seul encore une fois, avec ce terrible sentiment d'isolement complet et la crainte d'une catastrophe imminente. Alors, une fois de plus, rempli de haine, d'envie, de cupidité, de paresse et par-dessus tout, de désespoir extrême, je me suis présenté à la porte des Alcooliques anonymes.

Mes amis des AA avaient, à juste titre, des doutes sur la sincérité de mon retour au bercail, puisqu'ils m'avaient vu si souvent arriver et repartir, pour finalement n'accumuler que six mois d'abstinence continue. Je remercie Dieu de la compassion, de l'amour et de la compréhension d'un couple membre des AA qui m'a aidé pendant les quarante-cinq jours suivants. Cet homme et cette femme m'ont fait respirer et vivre la vie des AA grâce à des conversations téléphoniques, à des réunions ouvertes, à des rencontres de partage, à de longues conversations autour de leur table de cuisine et par-dessus tout, grâce à la prière.

En plusieurs occasions, je m'étais moqué de l'aspect spirituel de notre programme, en disant que ces bondieuseries ne valaient que pour les faibles et les hypocrites. Mais cette fois-là, ce fut différent. Après ma dernière cuite, je savais que si je continuais à boire, ce serait la folie ou la mort. Cette fois-là, j'ai prié. J'ai compris, je ne sais trop comment, que s'il y *avait* une Puissance supérieure à moi-même capable de me délivrer de ma souffrance, il me fallait essayer de La trouver.

À mon quarante-cinquième jour d'abstinence retrouvée, je suis retourné à ma petite chambre du centre-ville de Toronto et j'ai sombré dans un état de dépression qu'aucun mot ne saurait décrire. J'avais l'impression que mon corps était complètement séparé de mon âme. J'ai vu plus clairement que jamais la totale futilité de mon existence, et la destruction causée par mon orgueil et mon entêtement à m'imaginer que je pouvais prendre « juste quelques verres ». J'en étais rendu au stade où je ne pouvais plus continuer seul, ivre ou abstinent. C'était, mes amis, une solitude que j'espère ne jamais oublier.

Il est arrivé une chose étrange ce même après-midi. J'ai refusé de céder à la compulsion de boire. Après environ trois heures d'agonie, j'ai demandé l'aide de Dieu. Puis, j'ai quitté ma chambre, rempli d'une force que je n'avais pas crue possible.

Pendant les deux semaines qui ont suivi, je me suis senti « transformé » sans avoir recours à l'alcool ou à d'autres drogues. Pour la première fois dans ma vie d'adulte, j'étais pleinement conscient de la présence active de Dieu dans l'univers et à l'intérieur de moi. La beauté d'un visage d'enfant, l'herbe verte, les arbres, le réveil matinal sans maux de tête, la planification des activités quotidiennes, toutes ces choses m'apparaissaient comme des découvertes merveilleuses. Il me semblait que le ressentiment, la haine et la peur avaient disparu ; j'étais capable de pardonner et d'oublier.

Les choses que j'avais cru nécessaires pendant tant d'années ne me semblaient plus importantes maintenant que j'étais conscient des ressources spirituelles que Dieu m'a données. Avec elles, je n'ai pas besoin d'alcool pour fonctionner. Quelle joie de demeurer abstinent grâce à l'amour et non à cause de la peur !

Depuis ce jour, j'ai pu profiter de dix-sept mois d'abstinence. J'écris ces lignes à l'intention de l'alcoolique qui, par ses paroles et ses actions, croit avoir trop résisté à la volonté divine pour avoir encore des chances de se rétablir. Si vous êtes sincères dans vos prières, ce don merveilleux est à votre disposition, comme il l'a été pour moi.

Toronto, Ontario

« DEMANDE DE LA FORCE À DIEU »

Mes parents m'ont élevé dans une saine atmosphère, m'ont donné une bonne éducation et m'ont amené régulièrement à leur église. Par contre, leur conception d'un Dieu terrible et vengeur représentait une menace et j'ai essayé de me tenir loin de Lui et de ceux qui y croyaient. Pourtant, mon besoin d'obtenir l'approbation de ma famille et de mes amis entrait en conflit avec mon incroyance. Incapable de vivre selon les enseignements de mes parents, je me suis sauvé sans cesse, refusant de croire en Dieu.

Lorsque je suis arrivé chez les AA, en 1955, je n'avais que trente et un ans. « Tu es trop jeune. Tu n'as pas assez bu. Tu n'as pas assez souffert », disaient certains membres. J'avais encore une famille, (même si c'était la deuxième) un emploi, un compte en banque, et j'allais acheter une maison. En même temps, j'avais déjà connu toute la gamme des bas-fonds. J'ai donc assisté à des réunions des AA et pendant cinq mois, j'ai attendu cet éclair et ce coup de tonnerre qui devaient transformer le jeune homme que j'étais en un alcoolique responsable et réformé. Ma vision était toutefois limitée ; j'entendais mal. La déception de ne pas connaître un grand réveil spirituel m'a fait négliger mes efforts de rétablissement. Pourtant, après chaque rechute, je retournais chez les AA.

J'avais quatre bons parrains. L'un d'eux était mon conseiller spirituel, mais il ne m'était pas très sympathique. Chaque fois qu'il prenait la parole en public, il parlait de Dieu, tel qu'il Le concevait. Même si je détestais ses propos et l'écoutais à contrecœur, un jour, il a touché une de mes cordes sensibles. Il a dit : « Quand vous avez épuisé toutes vos ressources, famille, amis, médecins et pasteurs, il en existe encore une autre : c'est la source qui ne se tarit jamais, qui est toujours disponible et désireuse de secourir. »

Ces mots me sont revenus à la mémoire dans une chambre d'hôtel après une beuverie de trois semaines. J'ai compris de façon intense à quel point je ruinais ma vie, devenue une véritable catastrophe. Mon second mariage avait échoué et les enfants en souffraient. Ce matin-là, j'ai eu le courage d'être honnête. Je savais que j'avais failli en tant que père, mari et fils. J'avais échoué à l'école et dans les forces armées, et j'avais successivement perdu tous les emplois et tous les commerces que j'avais eus. Ni la religion, ni la médecine, ni les AA n'avaient réussi à m'aider. Je me sentais complètement vaincu. Alors, je me suis rappelé certaines phrases de mon parrain : « Quand tout a échoué, saisis une corde et ne la lâche pas. Demande à Dieu la force de demeurer abstinent d'alcool durant une journée. »

Je me suis rendu à la salle de bain crasseuse, je me suis agenouillé et j'ai supplié : « Mon Dieu, enseigne-moi à prier. » Je suis resté longtemps ainsi et lorsque je me suis relevé pour quitter la pièce, j'étais certain que je n'aurais jamais à prendre un autre verre d'alcool. Ce jour-là, j'en suis venu à croire que Dieu m'aiderait à rester abstinent d'alcool. Depuis ce temps, j'en suis venu à croire que Dieu m'aidera dans toutes les situations difficiles.

Depuis mon dernier verre, je n'ai pas eu à faire face à autant de problèmes qu'auparavant. Au fur et à mesure que je comprends mieux ce qui m'est arrivé, je ne crois pas que c'était ce matin-là, dans la chambre d'hôtel, que j'ai trouvé Dieu. Je crois qu'Il avait toujours été présent en moi, tout comme Il se trouve en chacun de nous ; je l'ai simplement découvert en nettoyant les ruines de mon passé, comme le recommande le Gros Livre.

Birmingham, Alabama

VERRE BRISÉ

« C'était la meilleure époque, c'était aussi la pire ... » C'est ainsi que débute le roman de Charles Dickens « Un conte de deux villes ». Dans ma vie, 1968 fut une année comme ça. Dès le début, chaque événement me poussait plus près du désespoir. Les membres de ma famille avaient depuis longtemps cessé de me faire des reproches, sauf pour me dire qu'ils espéraient que je puisse me ressaisir bientôt. Heureusement, ils m'ont laissé me retrouver. Peu d'alcooliques ont cette chance. Ils auraient pu me ramener à la maison et me cacher, m'envoyer dans un établissement ou me dire que je ne valais rien et m'abandonner. Au lieu de cela, leur amour et leur foi en une Puissance supérieure ont plutôt incité ma famille à surveiller et à attendre.

J'ai lancé un premier appel aux AA pour demander qu'on m'envoie de la documentation. Quand je l'ai reçue, j'en ai dévoré chaque ligne, mais j'ai continué à boire. J'ai rappelé les AA une autre fois. J'avais peur de téléphoner chez moi pour leur demander de m'envoyer dans un établissement psychiatrique, même si j'étais convaincue d'être folle ; aucune personne saine d'esprit ne continuerait à boire si elle ne le voulait pas.

Pendant environ trois mois, j'ai assisté à des réunions des AA quatre fois par semaine. Même si chacune de mes rencontres avec le Mouvement était enrichissante, il semblait y avoir une lacune énorme dans ma recherche de la sérénité pour laquelle nous priions si souvent. (Pendant toute cette période, on ne m'a jamais parlé du Gros Livre.) Un soir, alors que je me sentais très déprimée, je me suis versé un verre d'alcool. On aurait dit qu'une autre personne agissait à ma place. J'ai échappé le verre.

Au moment où je me versais un autre verre, je me suis rendu compte que je priais et demandais de l'aide. Le second verre est tombé et s'est fracassé comme le premier. Entêtée, je m'en suis versé un troisième, je l'ai tenu à deux mains et je l'ai bu. Soudain, il m'est apparu évident que ce n'était pas ce que je voulais.

J'ai eu peur et en tremblant, j'ai couru au téléphone pour appeler une nouvelle amie des AA. Elle est venue immédiatement et a passé la soirée avec moi. Nous avons discuté de la Première Étape et je me suis reconnue dans ses paroles. Quand nous sommes arrivées à la Deuxième Étape, j'ai admis que je nageais en pleine confusion. Tard ce soir-là en me quittant, elle m'a confié ce livre inspiré qu'on appelle le Gros Livre.

J'ai commencé immédiatement à le lire. Dans le quatrième chapitre, le mot « espérance » a jailli des pages avec la clarté d'une enseigne au néon. J'ai lu et relu certaines phrases jusqu'au moment où je me suis rendu compte que je riais et pleurais à la fois et que je n'étais plus assise, mais que je marchais de long en large comme une folle. On aurait dit qu'on venait de me soulager d'un lourd fardeau. Pour la première fois, j'ai commencé à comprendre que je ne pouvais pas boire comme les autres, que je n'étais pas comme les autres et que je n'avais plus besoin d'essayer. Je me sentais comme Scrooge dans un autre livre de Dickens, « Les Contes de Noël ». Quand Scrooge se réveille et s'aperçoit qu'après tout, il n'a pas manqué Noël, il danse, il pleure, il rit, tout comme je le faisais à ce moment-là. Scrooge et moi avions connu une nouvelle naissance pour vivre comme jamais auparavant.

L'exaltation de cette expérience a duré plusieurs heures. Lorsque épuisée, je me suis endormie, ce fut avec la conviction que j'avais enfin commencé mon ajustement à la vie en tant qu'alcoolique. Dès cet instant, j'ai commencé à changer. Peu à peu, je pouvais reconnaître quand je faisais ma propre volonté et m'arrêter, car l'expression « Ta volonté, non la mienne » était devenue plus que des simples mots. Souvent, il m'a été difficile de me conformer à ce principe, mais petit à petit, cela semble plus facile. Mon nouveau cheminement s'effectue au rythme de deux pas en avant, un pas en arrière, deux pas en avant, au lieu d'être un recul continuel. Les journées sont trop courtes et rarement ternes. Chaque jour est un nouveau défi pour rester abstinente et continuer à avancer droit devant moi.

Charleston, Virginie

5
UN RÉVEIL SPIRITUEL

L'abstinence est-elle tout ce que nous pouvons attendre d'un réveil spirituel ? Non, l'abstinence n'est qu'un début ; elle n'est que le premier cadeau du premier réveil. Pour en recevoir d'autres, notre réveil doit se poursuivre. Tout en ce faisant, nous découvrons que nous pouvons abandonner peu à peu notre ancienne vie – celle qui ne fonctionnait pas – pour une nouvelle façon de vivre adaptée à n'importe quelle situation.

Bill W.

A.A. Grapevine, décembre 1957

LÂCHER PRISE

Depuis longtemps, j'avais en tête l'idée de réussir, d'avoir raison, d'être importante. Si je lâchais prise, je ne serais personne. Pourtant, qui étais-je ? Simplement une alcoolique têtue.

Maintenant, je commence à comprendre que lâcher prise ne veut pas dire démissionner. Cela signifie m'ouvrir à de nouvelles perspectives. J'ai connu des moments que je pourrais qualifier d'extase. Je suis à la fois émerveillée et effrayée. Je me dis : « Je ferais mieux de ne pas trop aimer cette situation car elle ne durera pas. » C'est tellement difficile pour moi de dire : « D'accord, tu as eu un moment de lucidité. Accepte-le ! »

Le programme des AA nous dit : « Nous avons à t'offrir quelque chose qui va vraiment t'aider, si tu cesses de courir un instant et si tu te détends. »

Il ne s'agit pas de choses qui vont me rendre spéciale ou me procurer un meilleur emploi ou me faire devenir importante. Elles vont seulement m'offrir un très beau mode de vie. Quand je dis : « Je veux connaître un peu l'esprit qui réside en moi », vous me répondez : « Vas-y. Il n'y a pas de raison d'avoir peur. Les ténèbres que tu rencontreras ne dureront pas parce qu'il y aura toujours quelqu'un pour t'aider ».

San Francisco, Californie

ACTION ET PATIENCE

Tout comme beaucoup d'autres membres des AA, je n'ai jamais connu une expérience spirituelle forte et consciente et je me sentais frustré. Cependant, comme le dit si bien Bill, cofondateur de notre Mouvement : « Notre programme est bien meilleur que nous le pensons. » C'est grâce à celui-ci que j'en suis venu à croire, même si je ne m'en suis aperçu que plus tard.

J'avais démarré dans la vie avec une vision optimiste et idéaliste, supporté par une foi profonde et une pratique religieuse assidue. Quelque part en chemin, je suis devenu victime de « la maladie qui mène à la mort » –folie, angoisse, solitude. J'ai fait un réel voyage dans les ténèbres, séparé de Dieu, des autres et de moi-même. Je regrette plusieurs des choses qui se sont produites durant ce voyage, mais je ne regrette plus qu'il ait eu lieu. Certains d'entre nous sont plus aveuglés que les autres par l'orgueil et l'entêtement, et doivent être brisés afin de voir la lumière.

Il fallait que je comprenne que je n'avais pas le pouvoir de m'aider moi-même. Par la grâce de Dieu, j'ai un jour vécu cette « minute de vérité », même si à ce moment-là, je l'ai ressentie beaucoup plus comme un plongeon dans l'obscurité totale que comme un « bond dans la foi », plus comme une défaite humiliante que comme une expérience de transformation.

Rempli de honte et de désespoir, je suis allé à ma première réunion des AA. Par une sorte de miracle, j'ai pu mettre mes opinions de côté et je n'ai ni analysé, ni jugé ni critiqué, j'ai plutôt tenté d'écouter et de comprendre. J'ai entendu quelqu'un dire que le Mouvement des AA était efficace pour ceux qui font des efforts, pour ceux qui mettent le programme en *action*. À ce moment-là, l'action pour moi consistait simplement à être présent aux réunions des AA et à suivre les suggestions qui m'étaient offertes. On m'a dit que je devais oublier le passé et l'avenir pour me concentrer sur le présent afin d'éviter le premier verre aujourd'hui, maintenant. J'ai essayé et cela a marché. Je venais de faire le premier pas pour « en venir à croire ».

J'ai compris que cette action devait être accompagnée de patience, qu'en temps et lieu, par exemple, je dormirais sans l'effet sédatif de l'alcool. Chaque soir, après les réunions des AA, je m'entourais de livres, de revues et de boissons gazeuses ; je m'assoyais devant le téléviseur, prêt à rester éveillé toute la nuit. D'après les conseils reçus, c'était là mon action. J'étais prêt à attendre le sommeil. Je n'ai pas eu à attendre bien longtemps. Je me rappelle être tombé endormi dans un fauteuil devant l'appareil de télévision pour la première fois à ce que je me souvienne, et j'en suis venu à croire un peu plus.

J'ai entendu dire que nous ne pouvons pas conserver ce que nous avons acquis si nous ne le donnons pas aux autres. Alors, j'ai rencontré une femme, un peu plus nouvelle que moi, et j'ai partagé avec elle ce que vous aviez partagé avec moi. En y réfléchissant, je doute d'avoir aidé cette femme, mais chose certaine, je me suis aidé moi-même d'une façon remarquable. Je suis resté abstinent jour après jour, en partageant avec elle mon expérience, ma force et mon espoir, et en mettent en *action* le programme des AA, tout en respectant le rythme de cette autre personne et en ne lui imposant pas ma façon d'agir. Mon action était basée sur la *patience*, même si à l'époque, je ne parlais pas de patience ; ce mot ne faisait pas encore partie de mon vocabulaire émotif. Peu à peu, ma vie a gravité entièrement autour du programme d'action des AA. J'avais expérimenté la puissance du pardon de Dieu et, par la grâce, j'ai pu donner cette réponse de gratitude qui dépasse tous les mots. La grâce de Dieu avait triomphé de la mort que je portais et avait fait de moi un membre de la « société de la deuxième chance ». S'il avait fallu que cette grâce soit le résultat de ma droiture, de mon obéissance, de ma bonté ou de mes sacrifices volontaires, elle ne me serait jamais venue car je n'avais rien de tout cela. C'était un don gratuit à un candidat improbable. En assurant la victoire du pardon sur la mort, cette grâce constitue la vérité qui m'a libéré et m'a permis de nous considérer, vous et moi, comme acceptables, parce que Dieu nous accepte pour ce que nous sommes, des créatures imparfaites. Si je continue à progresser sur le chemin de la grâce, comme je le demande dans mes prières, ce sera par l'amour et par le travail au service du Mouvement et de cette Puissance supérieure à moi-même que j'appelle Dieu.

New York, New York

UN PLAN INCONNU

J'ai eu la foi jusqu'à l'âge de treize ans, alors que ma mère est morte, me laissant orphelin (j'avais déjà perdu mon père à l'âge de quatre ans). Jusque-là, j'avais fréquenté les classes de religion du dimanche ; j'étais allé régulièrement à l'église en compagnie de ma mère ; j'étais devenu membre actif de l'église à l'âge de douze ans. Je me rappelle encore les histoires que ma mère et les professeurs de l'école du dimanche racontaient sur Dieu, sur Jésus, sur le ciel. Je me souviens aussi de ce qu'ils racontaient sur le diable et sur l'enfer.

Après le décès de ma mère, mes deux frères aînés et moi avons habité avec un oncle et une tante. Pendant un certain temps encore, j'ai continué à assister aux services religieux de façon régulière, mais je ne pouvais pas comprendre pourquoi ma mère nous avait été enlevée, et j'ai commencé à douter. Alors, j'ai déserté l'église et l'école du dimanche.

J'ai pris mon premier verre durant mon adolescence et à partir de cet instant jusqu'au jour où je suis venu aux AA, l'alcool a pris toute la place tandis que Dieu et l'église étaient progressivement mis de côté. Mon doute et mon incrédulité ont pris de l'ampleur jusqu'à ce qu'il n'y ait plus pour moi ni Dieu ni ciel, ni démon, ni enfer. L'alcool aidant, cette façon de penser me semblait facile et correcte. J'aurais pu commettre un meurtre dans un moment de perte de mémoire et je n'en aurais éprouvé aucun sentiment de culpabilité, aucune impression d'avoir mal agi. Il m'est impossible de traduire en paroles la profondeur de mon ressentiment.

Enfin, poussé par la certitude que personne ne se souciait de moi et sachant que je ne me souciais de personne, j'ai décidé de poser un geste définitif au sujet de cette chose appelée la vie, la détruire. J'ai placé un fusil de chasse contre ma poitrine et j'ai pressé la gâchette.

Dès mon arrivée à l'hôpital, les médecins ont déclaré (je l'ai appris plus tard) : « Cet homme aurait dû mourir il y a plusieurs heures. » Pouvez-vous imaginer qu'ils m'identifiaient comme un *homme* ? Je suis demeuré dans le coma plusieurs jours et selon les médecins et les infirmières, je n'avais aucune chance de survivre. De temps en temps, je reprenais conscience l'espace d'une seconde et alors, une fois de plus, je croyais à l'enfer et à son maître, le diable. Je ne pouvais pas m'imaginer que j'étais encore vivant.

Je ne sais pas combien de fois ce voyage aller-retour dans le coma s'est produit ; mais finalement, il y eut un instant où j'ai reconnu des personnes dans ma chambre. Quelque temps plus tard, j'ai constaté que j'étais vivant. Encore plus tard, j'ai commencé à croire que quelque chose de plus puissant que moi avait pris le contrôle de ma vie. À cette époque, je ne pouvais associer ce « quelque chose » avec Dieu ; il s'agissait simplement de quelque chose de plus grand. J'aurais pourtant pu dire à mes médecins et aux infirmières que je me rétablirais pour la simple raison qu'une force supérieure à eux et à moi avait son plan. Nous n'étions que des instruments dans la réalisation de ce plan ; je n'avais aucune idée de sa nature ; je demandais seulement à le découvrir.

J'ai connu les AA par l'intermédiaire d'un membre alors que j'étais à l'hôpital. À ma sortie, plusieurs membres des AA m'ont amené dans un centre de rétablissement. À la fin de mon stage dans cette clinique, je suis retourné dans ma ville et j'ai été accueilli par les membres du groupe des AA de l'endroit. J'ai trouvé un emploi à temps partiel, allant d'un travail d'une heure par jour jusqu'à une journée complète, selon ma condition physique et les conseils du médecin. Ce comportement ne ressemblait pas à celui des gens que j'avais fréquentés et n'était pas dans mes habitudes. Le travail ! Pendant des années, je n'avais connu que l'alcool, le jeu, encore l'alcool, et tout ce qui s'ensuit.

Un jour, j'ai dû quitter après une heure de travail. Mon patron m'a raccompagné à la maison, c'est-à-dire au club social des AA où je vivais et pour lequel j'avais été nommé responsable. Voici ce qui s'est produit :

J'étais assis dans le fauteuil le plus confortable, lisant et relisant le texte des Douze Étapes et des Douze Traditions accroché au mur, les comprenant un peu mieux après chaque lecture. L'odeur du café était invitante et je m'en suis versé une tasse. Voici maintenant la récompense. Une force m'a ramené au fauteuil et a attiré mon regard sur les Douze Étapes. Comme par un éclair, j'ai été frappé par le message, par sa signification. J'ai reconnu la Puissance dont j'avais senti la présence à l'hôpital : Dieu, tel que je Le conçois. Et le plan m'a été révélé : « ... transmettre ce message à d'autres alcooliques... mettre en pratique ces principes dans tous les domaines de notre vie. »

Il y a toute une différence entre la personne qui ne croyait pas, qui n'avait aucun Dieu, qui voulait mourir, et la personne d'aujourd'hui qui en est arrivée à croire, qui n'a plus peur de mourir, mais qui veut vivre. Je dois encore transmettre le message de nombreuses fois !

Stuttgart, Arkansas

DE NOUVELLES PERSONNALITÉS

Pour moi, le réveil spirituel n'a pas été le résultat d'une recherche. D'autres prétendent que la croyance spirituelle leur est venue avec la sobriété et je désirais cette croyance de façon tellement désespérée qu'elle a failli m'échapper complètement.

C'est alors qu'une série d'épreuves ont surgi. J'avais l'impression de tout perdre. Ma stabilité émotive était tellement fragilisée que parfois, j'ai songé au suicide.

Toutefois, je n'ai jamais pensé à prendre un verre, même si à certains moments, j'avais envie de goûter à l'alcool. Il faut dire cependant que je me suis toujours accroché à la Première Étape. Je la répétais toutes les cinq secondes et je remerciais Dieu pour mon abstinence, la seule grâce, peut-être, de la journée.

Graduellement, j'ai commencé à voir émerger un autre aspect de moi-même – un moi reconnaissant qui n'attendait rien, mais qui demeurait convaincu qu'une autre puissance commençait à me guider, à me conseiller, à diriger mes actions, et je n'avais pas peur.

Alors, comme cette puissance commençait à faire ressortir certains aspects de ma personnalité, j'ai commencé à mieux comprendre les autres. Avec ce nouveau réveil spirituel qui se répétait chaque jour – forces nouvelles, vérités nouvelles, nouvelle acceptation des membres des AA et des autres – j'ai découvert un monde nouveau. Et l'expérience continue tous les jours.

L'adversité, la solitude, la maladie, les privations et les déceptions n'ont plus d'importance maintenant. Je suis heureux parce que j'en suis venu à croire, non seulement en Dieu, mais aussi dans la bonté qui se trouve en chaque être humain.

Barberton, Ohio

PAR UNE JOURNÉE D'HIVER

Près de neuf mois s'étaient écoulés depuis mon dernier verre et j'étais malheureux. De façon régulière, nous assistions aux réunions des AA, ma femme et moi, et je m'y assoyais en maudissant ces « joyeux hypocrites » qui étaient heureux dans l'abstinence. J'étais malheureux parce que je n'avais pas d'emploi. (Naturellement, ce que je voulais n'était rien de moins que la vice-présidence d'une grande société.)

Le jour s'était levé clair et froid, après une des pires tempêtes de neige et de verglas qu'Atlanta avait connue depuis de nombreuses années. Les arbres, les poteaux, les fils du courant électrique et du téléphone étaient tombés à plusieurs endroits ; la neige et la glace avaient recouvert tout le paysage environnant. En errant comme une âme en peine dans la maison, j'ai pensé à l'été précédent, alors que j'avais échappé aux difficultés du moment en offrant mes services à la ligue de Baseball pour jeunes. J'avais accordé peu de temps et d'attention à mon fils, jusqu'à ce que je devienne membre des AA, et j'avais été heureux lorsqu'il m'avait demandé de l'amener pour qu'il puisse jouer dans la ligue de baseball. L'entraîneur était un homme avec lequel j'avais joué à la balle quand nous étions enfants et il m'avait proposé de l'aider à diriger son équipe. Naturellement, j'en étais ravi.

Cet été-là, un petit garçon de la ligue est mort. Il s'en retournait chez lui à bicyclette lorsqu'un automobiliste en état d'ébriété l'a heurté et l'a fait tomber. Il est mort sur le coup lorsque sa tête a heurté le bord du trottoir. Ce garçonnet aimait tellement jouer au baseball que ses parents ont demandé et obtenu la permission de l'enterrer vêtu de son uniforme. Ils ont acheté un terrain sur une colline du cimetière qui surplombait le parc où il avait joué et c'est là qu'ils ont enterré Jimmy, face au champ de baseball.

Par cette froide matinée, j'ai pris ma voiture et je suis monté sur cette colline du cimetière, aussi loin que j'ai pu circuler en auto. Lorsque je suis sorti de ma voiture, j'ai parcouru à pied le reste du chemin jusqu'à la tombe de Jimmy. De toute ma vie, je n'avais jamais vu une aussi belle journée. Pas une brindille ne bougeait ; le ciel était bleu clair ; la tranquillité n'était troublée que par le mouvement d'un petit chien qui courait sur la tombe de Jimmy ; j'ai pensé que Jimmy aurait aimé cela.

Comme je me tenais là, près de la pierre tombale, je me suis rappelé un de mes vieux hymnes favoris, « Dans le jardin ». Toujours debout au même endroit, j'ai senti que la main de Dieu se posait sur mon épaule et ensemble, nous avons fait une merveilleuse période de méditation.

Puis, un sentiment de honte et de culpabilité m'a envahi. J'avais été un ivrogne. Il me suffirait de prendre un verre d'alcool et je pourrais, moi aussi, coucher un autre petit Jimmy sur le versant d'une colline comme celle-ci. Je n'avais même pas à m'enivrer pendant un mois, une semaine, ou même une journée ; je n'avais qu'à prendre un seul verre et je serais capable de tuer un enfant.

J'ai su que je devais prendre un nouveau départ et qu'il devait commencer ici même, pas ailleurs. Je me devais d'oublier le passé et de ne pas me préoccuper de l'avenir. Aussi longtemps que je m'accrochais au passé d'une main et que je m'agrippais à l'avenir de l'autre, je n'avais plus de main pour saisir aujourd'hui. Il me fallait donc commencer ici, tout de suite.

Lorsque je suis retourné à mon groupe des AA, les « joyeux hypocrites » m'ont paru différents. J'ai commencé à découvrir de l'amour dans leurs yeux, une chaleur comme je n'en avais jamais ressentie auparavant. J'en ai parlé à mon parrain qui m'a répondu : « La raison pour laquelle tu vois de l'amour dans les yeux de ces gens, c'est que tu commences à les aimer. L'amour que nous voyons dans les yeux des autres n'est que le reflet du nôtre. Nous devons aimer pour être aimé. »

Decatur, Georgia

« LA FOI VIENDRA »

Au début, je rejetais tout ce qui faisait la moindre allusion à Dieu dans le programme des AA. Je gardais même le silence lorsque les membres terminaient la réunion par la récitation du Notre-Père. (De toute façon, je n'en connaissais pas les mots.)

Lorsque je fais un retour en arrière, j'ai l'impression que je n'étais ni un agnostique, ni un athée. Je sais seulement que je ne pouvais pas accepter ces « bondieuseries » et je ne voulais pas non plus en arriver à croire, ni à avoir un quelconque réveil spirituel. Après tout, j'étais venu chez les AA pour devenir abstinent et le reste n'avait rien à voir là-dedans.

Malgré ma stupide arrogance, vous m'aimiez quand même, vous me tendiez la main et, j'en suis convaincu, vous utilisiez toute votre prudence et toute votre sagesse pour essayer de me rejoindre par le biais du programme. Mais j'entendais seulement ce que je voulais entendre.

Je suis demeuré abstinent pendant un certain nombre d'années, et comme vous l'avez sans doute deviné, j'ai recommencé à boire. C'était inévitable. Je n'avais accepté que les parties du programme qui me convenaient, sans m'obliger à un effort. J'étais demeuré le même égocentrique, toujours rempli de ses vieilles haines, de son égoïsme et de son refus de croire – manquant autant de maturité que lorsque je suis entré chez les AA.

Cette fois-là, lorsque je suis arrivé à l'hôpital, je n'avais plus aucun espoir. Après tout, vous m'aviez dit que les AA étaient le dernier espoir pour l'alcoolique, et j'avais échoué – tout était fini. Au même moment, ma sœur a décidé de m'envoyer un article publié dans le bulletin paroissial. Aucune lettre, seulement l'article dans lequel j'ai pu lire : « Priez sans croire, mais priez avec sincérité et la foi viendra. »

Prier ? Comment pourrais-je prier ? Je ne savais pas comment. Cependant, j'étais prêt à tout essayer pour retrouver l'abstinence et un semblant de vie normale. Je crois que j'ai simplement lâché prise. J'ai cessé de me battre. J'ai accepté ce en quoi je ne croyais pas et que je comprenais encore moins.

J'ai commencé à prier, mais pas de façon formelle. J'ai simplement parlé à Dieu ou plutôt, je lui ai crié : « Mon Dieu, aide-moi, je suis un ivrogne. » Je ne pouvais plus aller nulle part, si ce n'est vers ce Dieu que je ne connaissais pas.

Je ne me souviens d'aucun changement instantané ou dramatique dans ma vie. Je me rappelle avoir dit à ma femme combien tout cela me semblait sans espoir. À sa suggestion, j'ai commencé à relire le Gros Livre et Les Douze Étapes, et j'en ai tiré un profit beaucoup plus grand qu'à ma première lecture. Je n'ai rien rejeté. J'ai tout accepté comme c'était écrit. Je n'ai pas non plus essayé de lire entre les lignes.

Encore une fois, le changement ne s'est pas opéré en une nuit. Mais avec le temps, j'ai développé une foi aveugle et oui, même une foi d'enfant, et, en acceptant un Dieu que je ne comprends pas et le programme des AA tel qu'il est écrit, je peux rester abstinent, un jour à la fois. Si je dois recevoir davantage, cela viendra avec le temps, comme ce fut le cas pour toutes les autres bonnes choses qui me sont arrivées.

Je ne trouve plus nécessaire de prouver mon incrédulité en Dieu par chacune de mes pensées ou de mes actions, comme je l'avais fait si longtemps. Je ne vois pas non plus la nécessité de prouver ma valeur personnelle aux autres. Si j'ai des comptes à rendre et des preuves à fournir, c'est tout simplement à moi-même et à Dieu tel que je Le comprends, ou tel que je ne Le comprends pas. Je sais bien que je me tromperai de temps en temps, mais je dois apprendre à me pardonner comme Dieu m'a pardonné mon passé.

Je crois avoir eu un réveil spirituel, même s'il ne s'est pas produit en coup de théâtre, et je crois qu'il se poursuivra aussi longtemps que je continuerai à mettre en pratique le programme des AA dans ma vie de tous les jours. À mon avis, il n'y a pas de « dimension spirituelle » dans le programme des Alcooliques anonymes ; tout notre programme est spirituel.

Selon moi, voici quelques signes d'un réveil spirituel : la maturité ; la fin d'une haine constante ; la capacité d'aimer et de se laisser aimer ; la faculté de croire, même sans le comprendre, que Quelque chose est responsable du lever et du coucher du soleil, de l'éclosion des feuilles au printemps et de leur tombée à l'automne, et du chant des oiseaux. Pourquoi ne pas permettre à ce Quelque chose d'être Dieu ?

St. Petersburg, Floride

SUR UN ÉCRAN GÉANT

J'ai bu pendant vingt-huit ans, d'abord comme un buveur social, puis comme un ivrogne périodique, pour enfin devenir un buveur compulsif. L'alcool m'a coûté ma maison, ma première femme, mes enfants et à peu près tout ce que j'avais réussi à gagner dans la vie. J'ai été arrêté pour ivresse dans un lieu public ; j'ai souffert de tuberculose, conscient que cette maladie était causée par mon abus d'alcool ; en quatre mois, j'ai été admis dans quatre centres de traitement pour alcooliques de différents hôpitaux. Après la quatrième cure, je suis demeuré ivre pendant trois semaines, pour me réveiller encore une fois en prison. J'ai cru qu'on m'y avait amené, comme la dernière fois, pour ivresse dans un lieu public. Mais en posant des questions, j'ai appris que j'avais commis un crime.

Par une froide matinée, je suis entré au pénitencier pour y purger une sentence de cinq ans. Après les formalités d'admission, on m'a conduit dans une cellule et en entendant claquer derrière moi la lourde porte d'acier, j'ai pensé que je n'en sortirais jamais. J'étais descendu aussi bas que je pouvais aller et il n'y avait plus d'espoir.

Durant les cinq semaines qui ont suivi, je suis resté assis dans ma cellule étroite, blâmant le monde entier (sauf moi-même) pour tous mes problèmes passés et présents. Personne ne pouvait être plus étouffé par le ressentiment, la haine et l'apitoiement que je l'étais à cette époque-là.

Une nuit, alors que j'étais dans ma cellule en fixant les quatre murs, toute ma vie a défilé devant moi comme sur un écran géant. Pour la première fois, je pouvais voir clairement tous les problèmes, les malheurs et les souffrances que j'avais causés à tous mes proches dans le passé : à mon père et à ma mère, à ma première femme, à mes enfants, à ma femme actuelle et à tous mes amis. Pour la première fois, j'ai compris qu'aucune de ces personnes n'était à blâmer. C'est moi qui avais eu tort. Tout ce qui m'était arrivé, je l'avais moi-même provoqué en buvant. Pour la première fois depuis nombre d'années, j'étais, je crois, honnête avec moi- même.

Peu après, j'ai reçu une lettre du responsable du groupe des AA de la prison. J'avais vaguement entendu parler des AA, mais c'était tout. La lettre m'invitait à venir aux réunions si je pensais avoir un problème d'alcool. Le dimanche suivant, j'ai assisté à ma première réunion des AA et quand j'ai quitté la salle de réunion, pour la première fois de ma vie, j'avais l'esprit ouvert et un désir honnête de cesser de boire.

J'en suis venu à accepter Dieu tel que je L'avais déjà connu, et à nouveau, j'ai recommencé à lui demander son aide lorsque je m'éveille et à le remercier chaque soir au coucher. J'ai rétabli les liens avec ma deuxième femme, qui est devenue à son tour membre des AA. En février dernier, j'ai célébré mon premier anniversaire chez les AA. Je vis aujourd'hui sur une ferme dans une prison à sécurité minimum. Je deviendrai sous peu éligible à une libération conditionnelle et avec la grâce de Dieu, je serai bientôt à la maison avec ma femme et mes enfants. Si je n'avais pas connu un réveil spirituel une certaine nuit dans ma cellule, et si je n'en étais pas venu à croire en une Puissance supérieure à moi-même, aucune des choses que je possède aujourd'hui n'aurait été possible.

Jefferson City, Missouri

TÉMOIGNAGE D'UNE VIE

Que la vie est étrange ! Tel un pharisien, j'avais l'habitude de remercier Dieu de n'être pas comme les autres alcooliques que je rencontrais. J'ai toujours essayé d'être un prêtre métaphysicien ; c'était ma spécialité. (Quelqu'un a déjà décrit le métaphysicien comme une personne cherchant à tâtons dans une chambre noire un chat noir qui n'y était pas.) Au lieu de ça, je suis devenu un prêtre alcoolique.

La progression de cette maladie m'a propulsé dans un autre monde. L'excès d'un carburant alcoolisé a affecté mon mécanisme sensoriel plus qu'il n'en fallait ; à l'instar du vaisseau spatial endommagé Apollo 13, j'étais presque toujours accroché du côté ombragé de la lune. Je ne pouvais pas maîtriser cette puissance additionnelle ; seul, j'étais incapable de la contrôler. J'avais besoin d'une Main secourable, celle d'une Puissance supérieure. Je me sentais comme un homme dans un tunnel sans issue ou comme un conducteur portant des verres fumés la nuit.

Aujourd'hui, la clarté a dissipé le brouillard. Je suis plus que de l'argile, plus qu'une poignée de terre. Dans la liturgie de l'Eucharistie, je lis chaque jour que le Seigneur a béni ce pain, puis « Il l'a rompu ». Il m'a mis à l'épreuve par une affection personnelle, une maladie reconnue. L'enveloppe d'un grain de semence doit être brisée pour qu'il soit nourri à la fois par la bonne terre et le chaud soleil ; c'est ainsi que je dois perdre mon vieil ego pour me métamorphoser, et que je dois mourir à mon ancienne vie pour renaître vers un nouveau futur.

J'ai parfois échoué, mais je ne suis pas un échec ; j'ai commis des erreurs, mais je ne suis pas une erreur.

Ceci est donc le témoignage d'une vie. Je dois cependant amender certains chapitres importants d'une odyssée intérieure jamais écrite, jamais exprimée. Une vision libérée de tous ses brouillards peut maintenant choisir le contenu du prochain chapitre pour cet ambassadeur humain au service des autres. Je dois donner pour conserver et ne jamais reprendre.

Maintenant, je peux rêver. Lorsque chacun de nous aura complété le temps qui lui est prêté sur la terre, nous nous retrouverons tous ensemble au ciel autour de la table de Dieu. Il n'est jamais trop tard pour revenir.

Worchester, Massachusetts

UN CŒUR OUVERT

J'ai vécu un de ces rares moments de lucidité un dimanche après-midi, alors que je tentais de lire le journal. J'avais une terrible gueule de bois après avoir bu jour et nuit pendant une semaine. Soudain, mon regard a été attiré par ces mots : « Le nombre de fois où vous gagnez et perdez n'est pas important. La seule chose qui importe est le nombre de fois où vous essayez. » Pendant plusieurs années, j'avais cherché à faire régler mes problèmes par les autres, mais je n'en avais jamais pris conscience avant ce moment de lucidité. « ... où vous essayez. » J'étais transporté de joie ! Je savais maintenant que j'étais un alcoolique et que je possédais la seule qualification requise pour devenir membre des AA, un désir d'arrêter de boire.

Il me semblait voir un mur s'écrouler devant moi – un mur qui m'avait séparé des autres et dont je n'avais pas soupçonné l'existence jusqu'à ce qu'il tombe. Même si j'avais toujours été considéré comme un homme amical et sociable, je constatais maintenant que je n'avais jamais entretenu de relations intimes avec qui que ce soit. Cette révélation ne m'a pas rendu malheureux parce que mon attitude était désormais différente : je pouvais me souvenir de ce que les gens avaient dit aux réunions des AA auxquelles j'avais assisté de temps en temps durant trois ans, et elles prenaient une signification réelle pour la première fois. Je me suis surtout rappelé les mots : « Ouvre ton cœur » et j'ai commencé à les comprendre.

Avant d'avoir reçu ce cadeau de lucidité, j'ignorais que mon cœur était fermé. Je le savais maintenant parce qu'il était ouvert. Je pouvais désormais demander de l'aide et en recevoir, et j'espérais avoir un jour quelque chose à donner. Je me suis senti libre, léger et bon. Je n'érigerais plus de mur entre l'amour et moi si j'ouvrais mon cœur.

Le soir suivant, je suis allé à une réunion des AA, le cœur ouvert et animé du désir d'être sobre, les deux plus grands et plus précieux cadeaux que la vie m'a donnés. J'ai alors commencé à faire partie de ce miraculeux courant de vie, connu sous le nom de mouvement des AA. J'y ai rencontré de vrais amis, toujours disponibles pour m'aider et soulager les tensions que j'éprouvais à vivre avec moi-même. Ils ne m'aident pas toujours avec un mot d'encouragement, parfois ils me donnent un avertissement, (comme « Prends ton temps »), mais toujours avec une attitude de partage (non pas avec des « Fais ça », mais avec des « Je ferais cela »).

J'ai fait de nombreuses découvertes spirituelles depuis cet unique et incomparable moment de lucidité en ce dimanche après-midi, mais c'est ce premier cadeau qui les a rendues possibles. Chaque jour où j'essaie d'entretenir mon désir d'être abstinent d'alcool et de me rappeler de garder un cœur ouvert, l'amour et l'aide affluent vers moi. Ces dividendes sont illimités chez les AA si nous avons la chance de posséder ce désir. Après plusieurs années dans le Mouvement, ce premier moment de lucidité demeure le plus important de ma vie, et ses effets augmentent au point d'englober tout le monde, membres et non-membres, dans mon univers de partage.

Je n'avais rien fait pour mériter un tel don et donc, ma gratitude est indescriptible. Cette grâce ne m'a pas ramené à ce que j'étais avant de commencer à boire ou lorsque j'assistais aux cours religieux du dimanche. Elle m'a donné une nouvelle vie, ou plutôt la vie elle-même, parce que j'avais tenté de me suicider et que j'avais été hospitalisé dans différents instituts psychiatriques, tant privés que publics. Ce cadeau devait être spirituel ; il n'était certainement pas intellectuel ni physique. Je crois que c'était l'action de Dieu tel que je Le conçois qui agissait à travers l'amour et la compréhension que l'on trouve chez les AA. Puissé-je avoir toujours un cœur ouvert. La joie qui peut y rayonner n'a pas de limites.

New York, New York

LA RECHERCHE 6

« Vous vous demandez, comme chacun de nous doit le faire : « Qui suis-je ? »... « Où suis-je ? »... « Où vais-je ? »... D'habitude, la lumière se fait lentement. Pourtant, notre recherche finit toujours par aboutir à une découverte. Après tout, ces grands mystères sont enchâssés dans la plus grande simplicité.

Bill W.

Lettre, 1955

DÉCOUVERTE

Pour moi, l'étroit sentier de la spiritualité a été jonché de nombreuses et interminables frustrations : trois pas devant, deux pas derrière, parfois quatre. À mes débuts, j'étais constamment exaspéré par certaines phrases lues dans le Gros Livre, dans « Le Mouvement des AA devient adulte » ou dans toute autre publication des AA. Finalement, la brochure « L'alcoolisme, une maladie »*, m'a forcé à lire *The Varieties of Religious experiences* de William James. Bill W. avait parlé de la très grande importance que ce livre avait eue pour lui. Qui étais-je pour ne pas au moins y jeter un coup d'œil. « Lis-le, ne serait-ce que par curiosité », m'a suggéré un ami AA.

Alors que je lisais, (glissant rapidement sur ce que je ne comprenais pas, c'est-à-dire sur de nombreux passages lors d'une première lecture) j'ai eu l'impression de commencer à découvrir ma propre conception de Dieu. Enfin, j'entrevoyais la possibilité d'en venir à vraiment connaître la différence entre la vie spirituelle et la vie religieuse. Ce fut, en effet, cette découverte qui m'a encouragé à rechercher les croyances spirituelles des AA.

J'ai commencé à parler avec des membres qui se disaient agnostiques. J'y ai trouvé intéressant et bénéfique de me sensibiliser à leurs façons de penser au cours de conversations privées. (Apparemment, les membres des AA qui sont agnostiques – du moins ceux à qui j'ai parlé – ont l'impression que lorsqu'ils s'expriment, même dans des groupes fermés, leurs conceptions véritables et leur sincérité ne sont pas toujours comprises.) Des retraites spirituelles pour alcooliques seulement m'ont aussi été très bénéfiques.

---

* Maintenant intitulée « Trois causeries à des sociétés médicales, par Bill W. »

Chose étrange, quand je me suis engagé dans cette forme de pensée, il me semblait inconcevable qu'il puisse exister un Dieu qui entretiendrait une relation personnelle avec moi. Maintenant, plus de cinq ans et demi plus tard, je crois que mon Dieu ou ma Puissance supérieure *m'aime* vraiment. Pour Lui, je suis un univers ; Il m'aime comme si j'étais la seule personne sur terre ou n'importe où ailleurs.

Je n'ai plus aucune pudeur à affirmer que « j'aime Dieu » parce que je me connais maintenant assez pour savoir que je change ; je ne suis pas stationnaire. L'important pour moi, c'est de croire que *Dieu m'aime*.

Teaneck, New Jersey

« J'AI COMPRIS ! »

Membre des AA depuis trois ans, je n'étais qu'abstinente d'alcool. Il me manquait quelque chose et je savais que c'était la dimension spirituelle du programme. J'avais essayé de la trouver dans les Étapes et je n'avais pas réussi, sans doute parce que j'étais incapable de les vivre comme j'aurais dû le faire. J'assistais donc aux réunions, abstinente d'alcool, mais bourrée de ressentiment, négative et malheureuse.

À la suite d'un accident d'aéroglisseur dans lequel je m'étais blessée au dos, (j'étais pilote) ma santé s'est détériorée et mon mari a décidé de m'amener en vacances. J'étais de très mauvaise humeur à notre arrivée dans une petite ville sur la côte est de l'Afrique du Sud.

Marchant le long de la plage près d'un récif de corail, j'ai remarqué un grand trou de sable mouvant et j'ai pensé que ce serait une bonne idée d'y sauter et de mettre un terme à ma vie misérable. Je n'étais pas abstinente d'alcool pour les autres, mais pour moi-même. Cela, je le savais et je ne voyais pas la raison de continuer à vivre ainsi, si vivre sans alcool me plongeait dans l'état d'esprit qui m'habitait présentement.

Debout sur le rocher, pensant au suicide, j'ai regardé au-dessus de la mer et j'ai vu un nuage. Ce spectacle ne m'a guère impressionné car je savais de quoi ce nuage était fait. Au même instant, j'ai vu la lune – une lune de jour au-dessus de la mer – et cela non plus ne m'a pas beaucoup impressionnée. Mais alors il m'est venu à l'idée que là-bas, quelque part, il y avait des étoiles.

Je ne pouvais pas les voir, mais je savais qu'elles étaient là. Cette pensée eut un impact profond sur moi ainsi que sur le cours de mes réflexions.

J'ai regardé les vagues. Je les voyais s'avancer et reculer encore et encore. Je me suis dit : Comme c'est insensé et inutile ! Ce va-et-vient durait depuis des millions d'années et ne réussissait, me semblait-il, qu'à briser les rocs en petits morceaux et à fabriquer du sable. Et puis j'ai pensé au grain de sable. Il était composé d'atomes. Si on les enlevait, il n'y aurait plus de grain de sable. Si on enlevait les atomes du rocher où j'étais, il n'y aurait plus de rocher. Moi aussi, j'étais composée d'atomes ; sans eux, je n'existerais plus... Si quelqu'un enlevait les atomes du monde, il n'y aurait plus de monde. Qu'est-ce qui tenait tous ces atomes ensemble ? Qu'est-ce qui tenait les parties de l'atome ensemble ?

J'ai alors compris que la Puissance qui tenait tous ces atomes en place était ma Puissance supérieure. Cette Puissance m'avait créée – et j'avais l'audace de penser que je pouvais détruire ce qu'il ne m'appartenait pas de détruire.

À ce moment précis, j'ai changé du tout au tout. J'ai pensé : « Tu n'es plus négative ; tu es maintenant positive. » Un regain de vitalité s'est emparé de moi. Le cœur rempli de cette nouvelle joie, j'ai couru sur la plage rejoindre mon mari ! « Les larmes inondant mes joues, je criais : « J'ai compris ! J'ai compris ! »

Il m'a répondu : « Ce n'est pas possible ! Tu es encore ivre ! »

« Non, lui dis-je, je ne suis pas ivre ; la vieille moi est morte. Tu ne la verras plus. »

La nouvelle moi était vraiment née. Jusqu'à maintenant, il n'a jamais revu l'ancienne et moi non plus. Elle est morte là, sur ces rochers. Après cette expérience, j'ai commencé à courir d'une église à l'autre, cherchant, cherchant, cherchant. Un jour, quelqu'un m'a dit : « Cesse de chercher, Dieu n'est pas parti. Il est ici à chaque instant. »

Je me suis rappelée la scène du rocher et j'ai compris qu'Il avait toujours été en moi.

Port Elizabeth, Afrique du Sud

LA FONTE D'UN GLACIER

Abstinente depuis dix-huit ans, je me sentais mieux que

jamais, physiquement et mentalement. J'étais très active au sein des groupes des AA ; pourtant, je demeurais une agnostique face à la « Puissance supérieure ». Je me disais que j'étais venue chez les AA pour trouver l'abstinence d'alcool ; j'étais abstinente et les AA m'offraient tout ce dont j'avais besoin pour le demeurer. À l'occasion, j'aurais aimé dire, comme la plupart des membres des AA, que ma « Puissance supérieure » était Dieu ; mais le besoin d'être honnête m'avait fortement impressionnée et je savais que je serais incapable d'admettre une Puissance plus grande que les Alcooliques anonymes tant que je n'en serais pas fermement convaincue.

Une certaine fin de semaine, j'avais fait des projets personnels, (ma propre mise en scène), mais l'acteur de mon scénario m'a déçue (il n'est pas entré en scène au moment voulu). Sans avertissement et apparemment sans raison valable, j'ai fait une véritable crise d'hystérie ; je pleurais comme une folle, et je devenais de plus en plus perturbée émotionnellement. Six ans plus tôt, j'avais été hospitalisée comme psychopathe et je revivais la même sensation de glisser dans un abîme où m'attendaient des tortures infernales. Je me suis sentie alors aussi désespérée qu'au moment où j'avais eu recours aux AA un an et demi plus tôt. Cette fois-ci, cependant, *j'étais abstinente.*

Ma fille, âgée de quinze ans, a paniqué plus que je ne l'avais jamais vue durant la période où je buvais. Elle aussi s'est mise à pleurer de peur et m'a suggéré d'appeler un médecin ou l'un de mes amis des AA. Je lui ai répondu : « Linda, *personne* ne peut m'aider. J'ai besoin de l'aide de Dieu. » Le mot « Dieu » était sorti spontanément. Jusque-là, j'avais été incapable de le prononcer à haute voix.

À travers ses larmes, ma fille a répliqué : « Maman, je crois que Dieu nous a oubliées. » Cette réponse m'a fait pleurer encore plus fort et j'ai sombré dans un profond désespoir.

J'avais assisté à tellement de réunions des AA et j'avais entendu si souvent la lecture de l'ABC du programme dans le cinquième chapitre du Gros Livre que la solution à mon problème s'offrait à moi en ce moment de grand désespoir. J'étais convaincue que Dieu pouvait m'aider et qu'il le ferait si je m'adressais à Lui. Durant les six semaines suivantes, chaque fois que je pouvais être seule, je m'efforçais de me concentrer afin de mieux comprendre qui était Dieu et quelle était ma relation avec Lui.

D'étranges phénomènes ont commencé à se produire. J'avais cru être heureuse durant mes premiers dix-huit mois d'abstinence, mais maintenant, tout devenait plus beau ; les gens me semblaient plus gentils et je vivais des moments d'intériorisation intense. On aurait dit que les mots et les phrases que j'avais entendus toute ma vie prenaient tout à coup un sens plus profond et rejoignaient mes émotions beaucoup plus que mon intellect. On aurait dit que ma raison et mon cœur devenaient « un ». Je n'avais plus l'impression d'être deux personnes toujours en conflit dans un même corps. Durant cette période de six semaines, j'ai acquis la certitude d'être pardonnée totalement. Et, depuis ce temps, je n'ai jamais ressenti la culpabilité qui auparavant avait hanté toute ma vie. Plus d'une fois, j'ai senti une Présence que je peux simplement décrire comme une source merveilleuse de chaleur, d'inspiration et de réconfort.

Durant cette période, même si je ne pleurais plus lorsque j'étais éveillée, il m'arrivait souvent de me réveiller la nuit parce que mon oreiller était froid et humide. Comme si toutes ces larmes faisaient fondre le glacier qui entourait mon cœur, un glacier qui m'avait éloignée, non seulement des autres personnes, mais aussi de mon véritable moi. Plus tard, lorsque j'ai fais part à d'autres membres des AA de cette expérience étrange, ils m'ont répondu que j'avais connu le « chagrin des AA. »

Ce fut une période de bouleversement intérieur. Mais une note explicative dans l'annexe de la première édition du Gros Livre m'a grandement aidée. Cette note m'a fait connaître le livre « The Variety of Religious Experience », de Willian James, dont la philosophie et la psychologie se retrouvent dans la méthode pragmatique utilisée par les AA pour mener à la sobriété et conduire à un réveil spirituel. Par exemple, William James dit (résumant les opinions du Dr E.D. Starbuck) : « Maintenant, pour la plupart d'entre nous, le sentiment de notre imperfection est beaucoup plus présent dans notre esprit que tout idéal auquel nous aspirons. Dans la plupart des cas, en effet, le mot 'péché' retient toute l'attention et la conversion devient *'une lutte pour fuir le péché plutôt qu'un élan vers le bien'* ». Comme William James l'a décrit, je ne me sentais plus un être divisé. Après cette période de six semaines, j'étais unifiée. Mon plexus solaire était débarrassé de cette boule d'angoisse qui avait toujours été comme une bombe à retardement, prête à exploser.

Je suis maintenant convaincue que j'avais souffert non seulement d'alcoolisme, mais aussi de « graves désordres émotionnels et mentaux ». Il m'a donc fallu capituler, non seulement devant l'alcool, mais aussi devant Quelque chose d'autre. Personne ne l'a dit aussi bien que le Dr Harry M. Tiebout dans la brochure intitulée *The Act of Surrender in the Therapeutic Process* : « Pour quelques-uns, ils semble se produire un phénomène qui pourrait s'appeler la 'capitulation sélective'. Une fois estompés les effets de la capitulation première, l'individu redevient, à toute fin pratique, semblable à ce qu'il était auparavant, sauf qu'il ne boit pas et ne lutte plus sur ce terrain. Il ne capitule pas devant la vie en tant qu'être humain, mais devant l'alcool, en tant qu'alcoolique. »

Les AA m'ont fourni le moyen de me libérer de mon obsession d'alcool et, mieux encore, le moyen d'expérimenter un changement dans ma personnalité, un réveil spirituel, un abandon à la vie. Bien que j'aie vécu des problèmes et des troubles sérieux depuis cet été, il y a dix ans, ma foi n'a pas été ébranlée. Je ne peux pas dire que j'ai trouvé un Dieu tel que je Le conçois, mais plutôt que j'ai foi en Quelque chose qui demeure un mystère et que je continue à chercher.

Fresno, Californie

LA SEMENCE DE DIEU

Personne n'aurait pu être plus heureux que moi lors de mes débuts chez les AA. Auparavant, mes craintes se transformaient en cauchemars. S'il m'arrivait de dormir, c'était d'un sommeil troublé et tourmenté, et je me réveillais en criant. Souvent je ne pouvais pas dormir du tout.

Alors, dès que j'ai réussi à m'éveiller le matin les yeux clairs, je me suis senti comme un jeune homme. Je pouvais alors rire de nouveau et j'en suis venu à préférer cette joie à la consommation d'alcool. Chaque jour sans boire témoignait de mes efforts pour devenir un être humain normal.

Les AA me convenaient, mis à part l'aspect spirituel du programme. J'avais déjà été sursaturé d'enseignement religieux forcé. Je me méfiais des discussions sur le sujet. Une partie d'une citation de la Bible, « les fautes des parents mériteront des punitions jusqu'aux enfants de la troisième et de la quatrième génération » me remplissait de crainte face à la colère de Dieu.

Cependant, mon progrès spirituel s'est enrichi des expériences des autres. On m'a expliqué que j'étais libre de choisir un Dieu que je pouvais comprendre. Au début, j'avais l'impression de commettre un péché en essayant de changer Dieu, mais j'ai vite compris que Dieu est immuable et que les seuls changements à effectuer devaient se faire dans mon esprit malade. J'ai appris que si on lit jusqu'au bout le passage de la Bible précité, on s'aperçoit que Dieu promettait aussi d'être « miséricordieux envers ceux qui aimaient et suivaient Ses commandements ∪.

C'était à moi de choisir si je voulais appartenir au groupe des condamnés ou à celui des bénéficiaires de la miséricorde et de la compassion de Dieu. À ce moment-là, je n'avais pas ce qu'il fallait pour me rétablir. Au lieu de capituler totalement, je m'étais imposé des règles rigides. Je n'ai pas demandé à Dieu de m'aider et de me guider ; j'ai plutôt essayé de suivre les règles que je m'étais imposées et j'ai échoué. C'est alors que j'ai demandé pardon à Dieu, Lui promettant de mieux faire à l'avenir. Mon parrain m'a dit que pour obtenir l'aide d'une Puissance supérieure, nous devons la Lui demander avec sincérité et humilité. Aucun être humain, si bon et si sage soit-il, ne peut déposer la semence de Dieu en nous. Seul Dieu peut le faire. Mon problème consistait à découvrir en moi le bon grain qui poussait parmi les ronces. N'est-il pas vrai qu'il existe du bon dans chaque personne ?

Selon moi, les créations de Dieu sont des œuvres parfaites. Moi-même, je suis un miracle, issu d'une semence minuscule qui portait en elle la puissance de mes propres qualités futures et celles de plusieurs générations à venir. Un scientifique n'est qu'un simple ouvrier, si on le compare à la Puissance supérieure. La science fonde ses connaissances sur des hypothèses ; comparée à la Sagesse de Dieu, la science de l'homme ne constitue qu'un pâle reflet de la vérité.

Aujourd'hui, je peux encore croire aux théories scientifiques prônant que toute activité est de source électronique ; dès lors il m'est très facile d'imaginer que nous sommes dirigés par une force électronique supérieure à nous-mêmes. Dieu est vivant et l'univers gravite autour de Lui, comme les électrons gravitent autour du noyau de l'atome. Je ne peux pas comprendre ce qui existe à l'intérieur d'un minuscule électron, pas plus que je peux visualiser toute l'immensité de l'espace. Je ne sais pas comment une cellule se forme et j'ignore ce qui m'attend dans l'éternité. Les savants disent que les cellules de notre corps se renouvellent tous les huit ans. Si c'est vrai, alors mon corps et moi sommes deux entités séparées, puisque j'ai survécu à plusieurs métamorphoses de mon corps.

Le monde aussi est en évolution constante, mais je n'ai plus peur de ce phénomène. Je veux participer à cette évolution. On m'a démontré, et aujourd'hui j'en suis persuadé, que la foi peut transporter les montagnes. Il m'est déjà arrivé de cheminer dans des tunnels obscurs, mais maintenant, grâce à la foi, le chemin est éclairé.

Ce progrès a été très lent. Comme beaucoup d'autres, je ne m'en remets pas toujours complètement à Dieu ; je me laisse troubler par les problèmes et les inquiétudes quotidiennes. Mais aussitôt que je me replace sur la bonne voie, je constate que j'ai tout ce dont j'ai besoin.

Quels que soient les problèmes qui m'assaillent, petits ou grands, ils peuvent être résolus avec sagesse ou selon mes caprices. J'ai le choix. Si je désire connaître la volonté de Dieu, je dois m'arrêter et me demander ; « Qu'est-ce que Dieu veut que je fasse ? » Pourquoi, cependant, m'est-il si difficile de m'arrêter, de méditer et de laisser Dieu me guider ? La raison en mon ego. Même s'il m'arrive de l'oublier, je sais que mes capacités personnelles sont nulles lorsque je suis abandonné à moi-même. Aujourd'hui comme hier, je suis incapable de fabriquer le plus petit électron.

Alors que mes journées étaient tissées de peur et que je tentais désespérément de survivre, j'ai découvert que je pouvais me servir de la Troisième Étape comme d'une terre ferme. Depuis lors, je me suis servi de cette Étape à maintes reprises. En fait, j'éprouve une sensation de liberté physique lorsque je réponds aux invitations de la vie. « Tout abandonner et Te suivre », cela signifie pour moi une acceptation totale, même de ce que je ne désire pas, comme la malchance, la pauvreté, la maladie et même la mort. Je confie toute ma vie et toutes mes pensées à ma Puissance supérieure. Après tout, lorsque la fin du monde se produira, on ne me demandera pas la permission.

Helsinki, Finlande

LA QUATRIÈME ÉTAPE

J'ai bu de l'alcool à un âge très précoce. Je me souviens de m'être traîné de l'un à l'autre de mes parents ivres pour obtenir une gorgée de bière. En grandissant, le besoin d'alcool m'a incité à m'en procurer davantage. Trop jeune pour obtenir un bon emploi, j'ai commencé à voler. Je me croyais habile, mais la police m'a prouvé le contraire.

Durant mon deuxième séjour en prison, j'ai assisté à ma première réunion des AA parce que la direction me l'avait fortement suggéré. Tous les membres du groupe m'ont accueilli et m'ont raconté comment les Douze Étapes les avaient aidés et devraient m'aider à mon tour. Pour une raison mystérieuse, ils ont changé de sujet et commencé à parler de Dieu, de religion et d'une indéfinissable « Puissance supérieure ». Attention ! Je ne voulais aucunement m'associer à quoi que ce soit qui fut de loin ou de près relié à une religion. « De plus, leur disais-je, je ne suis pas alcoolique. » J'avais à peine dix-neuf ans.

Même si je continuais à me rendre aux réunions, je ne pouvais pas accepter l'aspect religieux. À ma sortie, j'ai recommencé à boire et un matin, je me suis réveillé dans le plus étrange des lieux, chez moi ! C'était le comble. Le même soir, ma mère et moi, assistions ensemble à une réunion des AA.

L'abstinence était une nouveauté et je n'ai pas bu pendant quatorze ans. La petite entreprise que j'avais mise sur pied grandissait et devenait prospère. J'avais maintenant ma place dans le monde. C'était merveilleux !

Puis, la pression du commerce a augmenté et j'étais incapable de l'affronter. C'est alors que mon vieil ennemi est revenu. Je ne pouvais pas refuser ce petit verre en souvenir du passé. Les profits de mon entreprise ont chuté ; je buvais de plus en plus ; de nouveau, je me suis retrouvé devant les tribunaux.

Lorsque le juge m'a dit : « Vous êtes accusé du vol de soixante-quatre bouteilles d'alcool », j'ai été horrifié. Il a poursuivi : « Je n'ai pas d'autre alternative que de vous envoyer au pénitencier ».

« Vous ne pouvez pas m'envoyer au pénitencier, lui dis-je, je n'en ai pas le temps ! »

Tous les spectateurs ont pouffé de rire jusqu'à ce que tombe le marteau du juge. J'ai baissé la tête lorsque j'ai compris qu'ils riaient de moi. Je ne sais pas combien de temps s'est écoulé après cet événement embarrassant avant que je me souvienne des Douze Étapes et que je me plonge dans la Quatrième Étape. Je me suis posé des questions et j'y ai répondu avec sincérité. Cela fait, je me suis joint au groupe des AA de la prison.

Selon moi, cet inventaire est la combinaison d'une Puissance supérieure, Dieu, et de la volonté. La Quatrième Étape comblait tous mes besoins. Cette fois, à mon grand soulagement, il n'a pas été question de religion. Nous avons parlé de la force, du pouvoir ou de ce que représentait la puissance supérieure pour chacun de nous. Que voulez-vous ? Nous sommes allergiques à tout ce qui sent la religion ; c'est le moins que je puisse dire. Pourtant, j'ai vu plusieurs membres de notre groupe sortir de prison et ne jamais reprendre d'alcool ni retourner en taule.

Des agnostiques, direz-vous ? Certainement. Mais ce fut aussi un avantage pour moi. Ma recherche d'un Dieu que je ne pouvais pas trouver m'a conduit vers la Quatrième Étape. Cette Étape, j'en suis convaincu, m'aidera à demeurer sobre.

Waupun, Wisconsin

RETOUR À L'ESSENTIEL

Les Alcooliques anonymes ont osé me demander, à moi, de croire en Dieu. De plus, ils m'ont demandé d'avoir une foi si intense que j'en viendrais à confier ma vie et ma volonté à Dieu, tel que je Le concevais.

Je ne Le comprenais pas. J'ignorais tout de Lui. Jusqu'à un certain point, j'avais été catholique, baptiste, presbytérien, épiscopalien, luthérien et scientiste chrétien ; j'avais été exposé à la croyance des Mormons, des Mennonites et des Quakers. Au collège, je m'étais spécialisé en histoire ancienne et je me suis beaucoup intéressé aux grands mystiques. Je me suis aussi intéressé à l'islamisme, au bouddhisme, à la mythologie des Vikings, des Romains et des anciens Grecs, ainsi qu'aux religions primitives païennes. Pourtant, j'étais encore incapable de croire.

J'ai essayé de lire la Bible, mais sa terminologie m'agaçait tellement que c'en était pathétique. J'ai alors opté pour de petits livres écrits par des experts en vulgarisation biblique. Je me disais : « J'apprends peut-être quelque chose ; à moins que je ne devienne de plus en plus confus, mais je dois continuer mes recherches parce qu'au moins, elles me gardent abstinent d'alcool. »

Je continuais de fréquenter les réunions des AA et je parlais avec les membres les plus expérimentés, ceux qui avaient une longue durée d'abstinence. Plusieurs d'entre eux me regardaient en souriant lors de nos conversations – ils avaient connu la même expérience. L'un d'eux m'a conseillé de retourner à la Bible et de m'attarder au Sermon sur la montagne, qui résume le message de Jésus. Après l'avoir lu et en avoir discuté avec des membres, j'en ai retenu trois éléments qui m'ont aidé et que je pouvais associer à ma vie dans les AA.

Aime ton prochain. Où, ailleurs que chez les AA, pourriez-vous trouver un demi-million de personnes vouées à l'amour et s'aimant vraiment les uns les autres ? L'amour d'un alcoolique pour un autre alcoolique est une primeur dans l'histoire de l'humanité.

Fais aux autres ce que tu voudrais qu'ils te fassent. Chez les AA, nous faisons aux autres ce qu'on nous a déjà fait. Nous aidons les autres comme nous avons été aidés.

Tu deviens ce que tu penses. J'en suis venu à croire que chacune de nos actions n'est que la manifestation extérieure d'une pensée intime. S'il y avait un verre d'alcool devant moi, ma main ne pourrait pas l'atteindre et le prendre d'elle-même. Ni ma main ni mon bras ne sont capables d'une action indépendante. La seule chose qui puisse articuler ma main et mon bras pour ce verre et le porter à mes lèvres, c'est une idée qui germe dans ma tête : « Main, prends ce verre. »

Même si je progressais, je n'avais pas encore de conception de Dieu. J'ai donc repris la lecture du Gros Livre, comme je l'avais déjà fait si souvent pour d'autres problèmes. La réponse que je cherchais, je l'ai trouvée à la page 14, dans les paroles qu'Eddy adressait à Bill : « *Pourquoi ne choisis-tu pas ta propre conception de Dieu ?* »

« J'ai essayé tout le reste, me suis-je dit, et je n'ai plus d'autre choix. Aussi bien essayer. ». Je me suis assis à mon bureau, j'ai pris un bloc-note et un crayon, et je me suis demandé : « Si tu pouvais choisir la sorte de Dieu en qui tu pourrais croire, comment serait-Il ? » Je gardais présent à l'esprit le fait que j'étais un alcoolique et que toute ma vie, j'avais été un perfectionniste. Le monde n'était jamais assez parfait à mon goût. Tout ce en quoi j'avais cru, chaque idéal que j'avais poursuivi, m'avait déçu. Maintenant, j'avais ma chance. Pour la première fois de ma vie, je pouvais créer un être parfait. Merveilleux !

J'ai écrit : « Dieu est la perfection que j'ai recherchée toute ma vie. Il est trop parfait pour avoir les caractéristiques et les défauts des humains. » C'était un début.

J'ai poursuivi : « Dieu est la perfection absolue. Il est l'amour parfait, la vérité parfaite, la bonté parfaite, la compréhension parfaite, la tolérance, la miséricorde et le pardon parfaits. Dieu est tellement parfait que peu importe le degré de notre méchanceté ou de notre impureté, Il nous pardonnera si nous le Lui demandons, et Il nous donnera la force de vaincre nos faiblesses. »

J'ai repris mon souffle et je me suis dit : « Tu es un génie ! Tu viens de faire une découverte sensationnelle. » Puis, j'ai constaté que je n'étais pas très intelligent – plutôt un âne. C'était le même Dieu dont Jésus avait parlé il y a environ deux mille ans, sur le flanc de la colline, alors qu'Il avait dit qu'Il avait dans les cieux un Père qui aimait tous les humains. Je me suis alors demandé : « Quelle est l'idée maîtresse qui va me permettre de faire une synthèse de toutes mes pensées ? » J'avais l'impression que je m'en approchais.

Un jour, on a demandé au grand juriste Oliver Wendell Holmes quelle était sa religion. Il a répondu que toute sa conception de Dieu pouvait se résumer dans les deux premiers mots du « Notre Père ».

J'ai pris le texte de cette prière et je l'ai lu. Il commençait bien par « Notre ». On n'y lisait pas « votre », « mon », « son » ou « sa ». On lisait « Notre Père »... Il est le Père de chacun de nous. Chacun de nous a été créé par Lui.

Je suis moi-même père – l'un des plus mauvais, mais peu importe combien je me suis rendu malade ou combien j'ai été méchant lorsque je buvais, il ne m'est jamais arrivé de souhaiter du mal à mes enfants. Au contraire, je voulais pour eux ce qu'il y avait de mieux. Je dois en conclure que Notre Père veut la même chose pour nous. Il nous a créés et Il s'intéresse à notre sort. Il ne m'a pas créé pour que je meure saoul dans une ruelle.

Nous ne sommes pas seulement une forme plus évoluée de l'animal avec un peu plus d'intelligence et une main qui peut saisir une arme ou allumer un feu. Nous appartenons à une tout autre race. Nous sommes uniques en vertu de la loi universelle qui fait que le semblable engendre son semblable : un rosier ne peut produire un lys, ni une vache donner naissance à un poulain. Si Dieu est un être spirituel, alors nous sommes des êtres spirituels.

Warren, Pennsylvanie

CE CONTACT SPIRITUEL

Après neuf mois chez les Alcooliques anonymes et quelques rechutes, j'ai connu un terrible épisode de ressentiment et d'apitoiement, le tout arrosé de deux bouteilles. Le lendemain – un matin de printemps doux et frais – j'ai eu un réveil alcoolique : « Il ne faut plus jamais que je refasse cela ! » J'étais libre, prête à connaître les AA – son merveilleux mode de vie, si simple dans sa structure et si profond dans sa portée. Il ne faut jamais révéler à un nouveau membre, tant qu'il n'est pas prêt, comment Dieu nous tend ses merveilleux filets et de quelle façon Il nous enseigne qu'aimer signifie répondre à l'appel.

Quatre ans plus tard, le mauvais sort s'est acharné sur notre famille : une déception, une longue maladie terminale et trois décès. Durant ces jours de tristesse, des amis nous ont prêté, à mon mari et à moi, leur appartement situé sur une plage du Sud. C'est durant cet interlude de repos qu'un « événement choc » s'est produit dans ma vie – une prise de conscience nouvelle de la Présence de Dieu. Les ailes de l'esprit se sont ouvertes et depuis ce jour, je n'ai fait qu'apprendre à m'en servir au maximum.

J'ai appris que chez d'autres, les ailes de l'esprit s'ouvrent beaucoup plus lentement, sans « événement choc », et qu'elles sont quand même fortes et belles. J'ai aussi appris que d'autres membres avaient connu la même expérience et qu'ils avaient ensuite perdu leurs ailes parce qu'ils avaient cru, à tort, que l'Absolu les soutiendrait indéfectiblement. Je les plains parce qu'ils n'ont pas compris que la moitié de la beauté d'un cadeau se trouve dans la manière de le recevoir. Ils n'y ont pas répondu.

À un moment ou à un autre, peut-être d'une façon plus modérée, presque tous les humains expérimentent ce contact spirituel avec Dieu : le sentiment fluide d'une profonde compréhension, l'amour, la joie, et cette sensation que le monde « tourne dans la bonne direction ». Avant, je croyais que seules des circonstances extraordinaires permettaient de ressentir un tel état d'âme. Je sais maintenant qu'il n'est qu'un avant-goût de toutes les beautés qui attendent celui ou celle qui veut y consacrer le temps et les efforts. La paix, l'amour et la joie peuvent être obtenus par la réflexion tranquille et la prière sincère. Le sentiment de plénitude et la nouvelle acuité de conscience influencent les relations avec Dieu et les êtres humains d'une façon autrement inconcevable. L'agitation du moment présent diminue : la compréhension augmente. Les sentiments deviennent des sujets à explorer plutôt qu'à supprimer. Ces moments ne sont pas une fin en eux-mêmes, mais plutôt des chaînons reliant solidement les événements. Une intériorité profonde s'établit – calme, repos et profondeur. Les forces intérieures s'unissent aux forces extérieures. La Puissance supérieure à nous-mêmes nous met en harmonie avec le monde. Bien sûr, il arrive à l'instrument de jouer faux et nous ressentons alors le grand besoin de le remettre au diapason.

Ce mode de vie se manifeste sans doute de façon différente pour chaque être humain, car chacun devient vraiment lui-même dans ses relations avec les autres ainsi qu'avec lui-même. Tout tend vers un but, qu'il soit modeste ou grandiose, laid ou beau. Dans la vie de l'esprit, il n'y a rien de petit, rien de laid. Paradoxalement, l'intériorité augmente l'importance des autres personnes et de ce qui nous entoure. Les cinq sens sont plus alertes. On éprouve un sentiment de plénitude.

Parfois, je me sens très bien dans ma peau pendant plusieurs jours de suite. Puis, cette sérénité disparaît, mais la compréhension continue. Mes faiblesses n'ont pas disparu – colère, apitoiement, précipitation, envie, égoïsme et ressentiment. Cependant, elles s'estompent car maintenant, je sais que lorsque je n'exerce pas de contrôle conscient sur ces défauts, l'harmonie intérieure disparaît.

Mes talents n'ont pas profité de façon particulière, mais j'apprécie mieux ceux que je possède, à cause de la concentration que j'apporte dans chacune de mes actions. Je cultive davantage mes relations avec les autres, surtout lorsqu'il s'agit de contacts intimes de personne à personne.

La notion du temps prend une dimension merveilleuse durant ces jours de grande unité. Il n'est pas nécessaire de regarder sa montre ; chaque action prépare la suivante. Il n'y pas un instant qui soit plus important que l'autre ; chacun possède sa propre plénitude. C'est peut-être ça la vraie prière. Je n'ai rien fait pour mériter le bonheur qui m'arrive ; c'est un peu comme si je parlais par la bouche d'autres personnes. Cela demeure un mystère, mais c'est extraordinaire de voir les réactions étonnées des autres et de savoir que leur vie a peut-être aussi été transformée, ne serait-ce qu'un instant.

Je crois que cette plénitude est à la portée de quiconque prendra le temps de faire des efforts, de méditer et de prier sincèrement, de choisir de bonnes lectures et de faire de l'exercice. Voilà la recette. C'est une aventure si précieuse que tout le reste semble peu important en comparaison, mais pourtant, c'est elle qui donne de la valeur à tout le reste.

Richmond, Virginie

COÏNCIDENCE 7

*La foi en une Puissance supérieure
à nous-mêmes et les manifestations
miraculeuses de cette force
dans la vie d'êtres humains
sont des faits aussi anciens
que l'homme lui-même*

Bill W.

« Les Alcooliques anonymes », p. 62

J'IGNORE POURQUOI

À mon arrivée chez les AA, je ne croyais plus au Dieu de mon enfance, un Dieu personnel qui m'aiderait en tant qu'individu. Après un certain temps dans le Mouvement, j'ai essayé du mieux que j'ai pu de pratiquer les Douze Étapes, tout en respectant l'ordre dans lequel elles avaient été rédigées. Mon cheminement fut lent et difficile, mais je n'ai pas abandonné ; j'ai persisté dans mes efforts.

Je crois maintenant que la Troisième Étape a été la clef qui m'a permis d'ouvrir cette porte intérieure pour permettre à la spiritualité de pénétrer dans ma vie, pas comme un torrent, mais comme un mince filet d'eau, et parfois juste une goutte à la fois. Au fur et à mesure que je progressais dans les Étapes, j'ai commencé à déceler un changement dans ma façon de penser et dans mon attitude envers les autres. J'ai aujourd'hui la certitude d'avoir connu mon réveil spirituel au moment où je complétais la Neuvième Étape. J'en suis venu non seulement à pouvoir donner de l'amour et de la compassion à ceux qui m'entouraient, mais, ce qui est plus important, à en recevoir. Alors les expériences spirituelles, telles que je les comprends, ont commencé à se produire.

Lors d'un récent congrès des AA, un certain Bill est venu me voir et m'a dit qu'il m'avait entendu parler, il y a plus de trois ans, dans un congrès régional d'une petite ville du Tennessee. C'était sa première réunion des AA. Après avoir entendu mon histoire, Bill a décidé de ne plus prendre d'alcool et il est devenu membre des AA. Il n'a pas bu depuis cette première réunion, un dimanche après-midi. Qu'est-ce que j'ai bien pu dire ? Je ne m'en souviens pas. Pourquoi fallait-il que je sois à plus de quatre cent cinquante kilomètres de chez moi par un beau dimanche après-midi pour que Bill reçoive le message des AA ? Je ne le sais pas.

Un samedi matin, j'ai décidé de rendre visite à Ken. Je le connaissais superficiellement depuis environ vingt-cinq ans et je savais qu'il avait un sérieux problème d'alcool ; mais je ne l'avais pas vu et je n'avais pas entendu parler de lui depuis nombre d'années. Rendu chez lui, je lui ai demandé s'il se souvenait de moi. Il m'a répondu « oui », et m'a invité à entrer. Je lui ai demandé comment il allait et il a répliqué que tout allait bien. Je lui ai aussi demandé comment il s'en tirait avec son problème d'alcool et il m'a répondu : « Ça ne me cause pas trop de problèmes. »

Je lui ai raconté une partie de ma vie. En partant, je lui ai dit à brûle-pourpoint : « Pourquoi ne viendrais-tu pas à une réunion des AA avec moi ce soir ? » Il a accepté et nous avons convenu que je passerais le prendre. Le soir, lorsque je suis revenu, Ken avait changé d'idée et ne voulait plus m'accompagner. « Très bien, lui dis-je, je reviendrai te prendre lundi à la même heure. » Le lundi soir, il dormait et son fils m'a dit que son père ne voulait pas aller à la réunion. Le mardi, après le travail, je lui ai téléphoné et lui ai dit que j'irais le chercher pour l'amener à une réunion. À mon arrivée chez lui, il m'attendait assis dans l'escalier. Comme nous allions entrer dans la salle de réunion, Ken a aperçu un de ses anciens compagnons avec qui il avait bu pendant de nombreuses années. Cet homme était abstinent depuis dix-huit mois. Ken assiste maintenant à trois ou quatre réunions par semaine, il n'a pas bu depuis sa première réunion des AA et bientôt, il recevra son jeton d'un an.

Pourquoi avais-je décidé ce fameux samedi d'aller visiter Ken, qui n'avait jamais appelé les AA ? Je ne le sais pas. Pourquoi Ken a-t-il refusé d'aller aux deux premières réunions et a-t-il accepté d'y aller la troisième fois alors que son vieil ami était là, ce qui lui a permis de bénéficier dès le premier jour d'une amitié avec un alcoolique en voie de rétablissement ? Je ne le sais pas...

Je n'essaie pas d'expliquer ces phénomènes par la logique ou la raison. Lorsqu'ils se produisent, je les accepte, tout simplement. J'ai l'impression que Dieu, tel que je Le conçois, a peut-être jugé qu'il m'était nécessaire de vivre l'angoisse et les souffrances de l'alcoolisme, puis de suivre le chemin lent et souvent difficile du programme de rétablissement des AA afin d'être prêt à faire Sa volonté. Je suis reconnaissant envers Dieu de m'avoir donné ce privilège. Peut-être est-ce parce que chaque matin, je refais la Troisième Étape. J'espère et je prie le ciel d'être capable d'entretenir ce contact conscient avec Dieu à chaque jour de ma vie.

Kingsport, Tennessee

UNE SOIRÉE PLUVIEUSE

Après quatre années d'abstinence, je me suis vu confronté à une montagne de problèmes auxquels je ne pouvais pas faire face. J'y ai survécu sans l'aide de la bouteille, mais le résultat de cette expérience a été pénible – ce que beaucoup d'entre nous appellent « ivresse mentale ». Ce fut terrifiant ; toutes sortes de peurs m'ont motivé et je ne pouvais pas distinguer la réalité de l'hallucination.

Je logeais alors, hors saison, dans une chambre située dans un lieu de villégiature au bord de la mer, et je tentais l'impossible pour corriger ma façon de penser. Il me fallait une heure pour accomplir les plus petites besognes comme celle de laver mes chaussettes et mes shorts. M'habiller prenait une éternité ; parfois je ne savais même plus si j'étais en train de m'habiller ou de me déshabiller. Je m'arrêtais, je m'assoyais et j'essayais de prier ; mais je ne pouvais pas me rendre plus loin que les deux premiers mots du Notre Père. Je quittais alors ma chambre pour aller marcher une vingtaine de kilomètres, cherchant à m'exténuer assez pour pouvoir dormir.

Ce calvaire a duré environ un mois et durant cette période, ma famille m'a quitté. Ma santé allait en se détériorant ; de quatre-vingt kilos, mon poids était descendu à cinquante-cinq kilos et je me sentais désespéré. Il me semblait que tout était ligué contre moi. Si je voyais des gens converser dans la rue, je m'imaginais qu'ils complotaient contre moi. J'ai même pensé qu'on mettait des hallucinogènes dans ma nourriture. J'étais absolument incapable de dormir.

À cet endroit de villégiature, je suis allé chez un avocat pour prendre possession d'une somme d'argent qui m'était due. Comme il m'avait connu alors que j'étais normal, il a essayé de m'aider en m'envoyant faire des recherches à la bibliothèque. Il croyait ainsi pouvoir m'aider à oublier mes problèmes. Je suis donc allé à la bibliothèque, dont les murs ce jour-là étaient tendus de noir (sans doute pour marquer le deuil d'un notable de la communauté). J'ai pensé, dans mon esprit confus, que ce deuil était pour moi et qu'il s'agissait là d'un avertissement. En d'autres mots, j'ai pensé que ma fin était arrivée.

La bibliothèque a fermé à dix-huit heures et j'ai dû partir. C'était une soirée froide et pluvieuse de mars et pourtant, j'ai entrepris ma longue promenade quotidienne au bord de la mer. Je croyais que l'avertissement qu'il me semblait avoir reçu me contraignait à poursuivre ma marche dans l'océan. Il y avait un quai désert qui avançait dans la mer, à un kilomètre de la promenade en bois où je me trouvais, et j'ai décidé de marcher jusqu'à son extrémité et de me jeter à l'eau. Rempli de peur, je marchais, me demandant si j'aurais le courage de suivre l'avertissement et demandant à mon Être suprême de me donner le courage de compléter ce que je croyais qu'on exigeait de moi.

À proximité du quai en question, j'ai aperçu quelqu'un qui marchait vers moi, tête baissée, sous la pluie. Lorsque nous nous sommes croisés, il s'est arrêté, m'a souri, et je l'ai reconnu comme étant un prêtre de mon patelin. Je lui ai dit que j'étais très malade. Il s'est alors assis avec moi sur un banc, sous la pluie, et m'a assuré qu'en temps et lieux mes problèmes disparaîtraient et qu'un jour viendrait où j'en comprendrais le sens. Il m'a mis en garde contre des gestes insensés et m'a suggéré d'implorer l'aide de Dieu en me disant que tout s'arrangerait.

L'étrange impression qui me poussait au suicide a disparu. Même si ma maladie s'est prolongée pendant plusieurs mois encore, je n'ai plus jamais pensé au suicide.

Il s'est écoulé beaucoup de temps. À nouveau, j'étais en bonne santé et membre actif des AA. Un soir, lors d'une réunion, le conférencier était nul autre que ce même prêtre. Je lui ai demandé s'il se souvenait de moi et de cette soirée pluvieuse de mars. J'avais été jusqu'alors convaincu d'avoir été victime d'une hallucination. Mais il m'a répondu qu'effectivement il s'en souvenait et qu'il était très heureux de me voir rétabli. Il m'a expliqué qu'il était allé à cet endroit pour donner une causerie à un congrès d'enseignants. Ne pouvant plus tolérer de rester dans sa chambre, il avait décidé, malgré la pluie, d'aller prendre l'air. Je suis maintenant enclin à croire que Celui qui prend soin de moi lui avait probablement donné une petite poussée.

Depuis cet instant, il y a maintenant treize ans, je suis avec succès le programme des AA.

Spring Lake Heights, New Jersey

DIEU ÉTAIT LE FACTEUR

Tout a commencé par une sombre journée d'octobre, alors que je me suis éveillé en songeant à Pat, ma deuxième femme. Pendant que je réfléchissais calmement à nos vingt mois de mariage, je me rappelais son charisme, son intelligence vive, son charme tranquille et ses tentatives, nombreuses et infructueuses, pour demeurer abstinente chez les AA, où nous nous étions connus. J'étais déjà abstinent depuis trois ans. Je suppose que je n'avais pas encore connu un véritable réveil spirituel. C'est sans doute pour cette raison que j'ai repris de l'alcool après la mort de Pat et que j'ai sombré dans un nouveau bas-fond terrifiant. Vous savez, il y a toujours un nouveau bas-fond.

Ce matin d'octobre, deuxième anniversaire de la mort de Pat, j'étais dans ma troisième semaine de nouvelle abstinence. Au souvenir de notre vie conjugale, je suis devenu de plus en plus déprimé et je me suis empressé de me rendre à une réunion des AA, où j'ai pu exprimer la douleur et la solitude qui m'envahissaient à nouveau. On m'a entouré d'affection et de compréhension, ce qui m'a remonté le moral.

Pendant presque une année, tiraillé comme je l'étais par l'obsession d'alcool et la honte, j'avais complètement négligé d'écrire à mes deux enfants adolescents. Je refusais d'admettre, dans mon esprit faussé, qu'ils avaient pu découvrir que je m'étais remis à boire. Pour la seule raison que j'étais retourné chez les AA, j'avais trouvé le courage de leur écrire deux lettres. Je leur demandais de me pardonner, j'admettais mon alcoolisme et j'avouais les avoir négligés, en espérant qu'ils me répondent. Jour après jour, avec peur et angoisse, je regardais dans la boîte aux lettres, craignant que ni l'un ni l'autre ne me réponde.

En cette journée d'octobre, le facteur m'a apporté une lettre de mon fils de quinze ans, qui avait dû subir des traitements psychiatriques lorsque sa mère m'a quitté. Son choix de mots était vraiment exceptionnel, si l'on considère qu'il n'a pas connu Alateen et qu'il a grandi dans le climat d'amertume que sa mère conserve à mon égard. Voici ce qu'il m'écrivait :

« J'ai reçu ta seconde lettre aujourd'hui. La première est arrivée il y a une semaine, mais tu me pardonneras de ne répondre qu'aujourd'hui.

« Je t'aime beaucoup. Tu ne peux t'imaginer le bonheur que j'ai ressenti en recevant de tes nouvelles.

« Je n'ai pas l'habitude de condamner les gens. Je ne t'ai jamais jugé et le jour où je le ferai sera le jour de ma mort. La condamnation est le propre des petites gens qui doivent abaisser les autres pour se valoriser eux-mêmes.

« Je t'aime et je te pardonne. Je mentirais si je disais que je n'ai pas été déçu. Mais ça, c'est le passé. Le passé est mort et enterré. Nous ne pouvons ni le revivre, ni l'effacer.

« Je comprends que tu puisses ressentir de la culpabilité et de la honte. Ne t'inquiète pas. Je suis avec toi. Tu peux être assuré que j'essaie de te comprendre et de t'aider. »

En silence, j'ai pleuré de reconnaissance à la lecture de sa lettre. Oui, Pat était décédée ; mais sa mort, comme mon alcoolisme, était chose du passé.

Ce n'est pas par pure coïncidence que cette lettre de mon fils, remplie d'amour, m'est parvenue en cette journée de tristesse. Dieu était le facteur. Il s'est assuré que je recevrais cette inspiration qui, en retour, m'a permis de comprendre Sa façon de Se révéler. Et chaque jour, si je le recherche, Il m'apporte un nouveau message d'amour, de pardon, d'espoir, de clémence et d'encouragement – un message que des milliers de personnes, comme Pat, ne peuvent pas ou ne veulent pas comprendre.

Southgate, Michigan

MIRACLE EN MATHÉMATIQUE

J'ai entendu, il y a quelques années, une histoire qui circulait depuis longtemps dans les milieux des AA du Midwest. Je ne peux pas donner de noms pour attester l'authenticité de cette histoire, mais je l'ai entendue de diverses sources et elle semble incroyable...

Un homme d'une petite ville du Wisconsin pratiquait le programme des AA depuis à peu près trois ans, et il en était heureux. Puis, il lui arriva une série de malchances. La société qui l'employait depuis quinze ans a été vendue, son poste a été aboli et l'entreprise a déménagé dans une autre ville. Pendant plusieurs mois, il s'est contenté de menus travaux, tout en cherchant un employeur susceptible d'utiliser ses compétences particulières.

Une autre tuile lui est tombée dessus. Sa femme a été hospitalisée pour une opération majeure alors que son assurance maladie venait tout juste d'expirer.

Sous tant de pression, il a craqué et décidé de se payer une cuite monumentale. Ne voulant pas se saouler dans sa petite ville où tous savaient qu'il ne buvait pas, il s'est rendu à Chicago, a pris une chambre dans un hôtel du nord de la ville et s'est mis en route pour exécuter son projet. C'était le vendredi soir et les bars étaient pleins de joyeux fêtards. Mais il n'était pas d'humeur à s'amuser – il ne voulait que s'enivrer tranquillement et misérablement.

Il a finalement, déniché un bar dans un sous-sol d'une rue calme et peu fréquentée. Il s'est assis sur un tabouret au bar et a commandé un double whisky avec glace. Le barman a répondu : « D'accord, monsieur » et il a allongé le bras vers une bouteille.

Soudain, le barman s'est arrêté, a regardé son client attentivement, s'est penché vers lui et a murmuré : « Je me trouvais à Milwaukee, il y a environ quatre mois, et j'ai assisté à une réunion des AA. Tu faisais partie des conférenciers et tu as donné un des meilleurs messages que je n'ai jamais entendus chez les AA. » Sur ce, il s'est retourné pour se diriger à l'autre extrémité du comptoir.

Sidéré, le client est resté quelques minutes comme dans un état de choc. Il a saisi son argent d'une main tremblante et est sorti, tout désir de boire l'avait quitté.

On évalue à environ 8 000 le nombre de bars dans Chicago, employant quelque 25 000 barmans. Parmi ces 8 000 bars, cet homme avait choisi le seul endroit où se trouvait, parmi les 25 000 barmans, la seule personne qui savait qu'il était membre des AA et qui n'avait aucune raison de se trouver là.

Chicago, Illinois

QUELQUE CHOSE N'ALLAIT PAS

Au départ, je tiens à souligner que même si j'ai grandi dans une famille où la religion tenait une place d'honneur, et même si j'ai fréquenté l'église durant toute ma jeunesse, je n'y ai jamais rien compris et je n'étais pas intéressé. J'allais à l'église pour que mes parents me laissent tranquille. Adolescent, j'ai commencé à délaisser l'église en même temps que mes parents, et je ne me souviens pas de m'être ensuite agenouillé pour prier avant mon arrivée chez les Alcooliques anonymes dans un établissement pour malades mentaux à Glasgow, après dix-huit ans de beuverie.

Dans cet hôpital, j'ai supplié Dieu de m'aider ; mon esprit tourmenté m'empêchait même de prier. Chaque jour, je Lui demandais d'apaiser ce tourment sans fin, pour me réveiller chaque matin tout aussi désespéré. Malgré tout, j'ai persisté à demander l'aide de Dieu et lentement, la lumière s'est faite dans mon esprit. J'ai pris conscience que quelque chose de très beau m'arrivait. Comme j'avais peu ou pas de foi, je ne savais pas trop si l'aide provenait des traitements reçus à l'hôpital, des réunions des AA ou de Dieu. Alors, je me suis accroché aux trois.

Avec le temps, j'ai commencé à comprendre qu'une Puissance bien supérieure à tout ce que j'avais connu m'aidait à retrouver la raison. Je me suis abandonné à cette grande Puissance que j'appelle maintenant Dieu.

Peu après, j'ai pu quitter l'hôpital. Je me trouvais à la maison quand j'ai fait l'expérience d'un contact conscient, mais effarant, avec la Puissance divine. Tout a commencé un dimanche après-midi, alors que je lisais les journaux. Sans aucune raison apparente, j'ai soudain eu l'impression que les choses ne tournaient pas rond pour un ami des AA hospitalisé à la suite d'une rechute.

Je me suis rendu immédiatement à l'hôpital pour trouver mon ami dans une profonde détresse. Il venait d'apprendre que son frère était décédé deux heures plus tôt.

Après l'avoir réconforté, j'ai quitté l'hôpital en marchant lentement sur la route lorsque tout à coup, je me suis senti envahi par une force, à la fois étonnante et effrayante, qui semblait me dominer complètement. Je me suis arrêté pour regarder le ciel nocturne. J'avais l'impression d'être sur un nuage et que Dieu était en moi. Cette nuit-là, je n'ai pas pu fermer l'œil ; je pensais trop. Le jour suivant, je me suis senti complètement en paix avec le monde.

Un peu plus tard, même si je conservais ma paix d'esprit, j'ai commencé à ressentir un sentiment de vide intérieur que je n'arrivais pas à comprendre. Ce n'est qu'à la suite de l'application honnête des principes des AA dans tous les domaines de ma vie que cette impression de vide a été remplacée par la joie.

Je suis convaincu que j'étais la seule cause de ce sentiment de vide. Je m'étais senti tellement exalté par cette merveilleuse expérience d'un soir sur la route que j'avais cherché à vivre dans un nuage avec Dieu. Mais ce n'était pas possible. Ma place n'était pas sur un nuage, mais avec les alcooliques qui souffrent encore. Aussi longtemps que je resterai les deux pieds sur terre, parmi ceux qui souffrent, Dieu descendra et restera toujours avec moi.

Loin de moi l'intention de réformer qui que ce soit ou de me prendre pour un saint. Je ne suis qu'une âme reconnaissante qui espère aider quelqu'un à trouver la paix et le bonheur, pour qu'il puisse ensuite partager ce qu'il a reçu avec une autre personne.

Glasgow, Écosse

UNE PUISSANCE SUPÉRIEURE 8

*Notre conception
d'une Puissance supérieure
ou de Dieu - tel que nous Le concevons -
laisse à chacun une liberté
pratiquement illimitée de croyance
et d'actions spirituelles.*

Bill W.

A.A. Grapevine, avril 1961

MON AMI

Je me suis récemment lié d'amitié avec Quelqu'un que j'aimerais que tous puissent rencontrer. Cet Ami n'est jamais trop occupé pour m'écouter, pour entendre mes problèmes, mes joies et mes chagrins. Il me donne le courage d'affronter la vie et m'aide à surmonter mes craintes. Il est toujours de bon conseil car cet Ami est sage, patient et tolérant. Il m'arrive parfois de ne pas suivre ses suggestions. Je dois alors Lui demander conseil à nouveau, avec humilité et sincérité.

Malgré mes erreurs, mon Ami est toujours là, prêt à m'aider en tout temps, le jour comme la nuit. Il m'écoute sans m'interrompre, peu importe l'incohérence de mes propos. Il m'arrive parfois en lui parlant de trouver la solution à mon problème. En d'autres circonstances, le simple fait de verbaliser mon problème me permet d'en voir le peu de gravité. J'ai l'impression que si mon Ami me prend par la main et me guide doucement, je L'écouterai. Si je ne L'écoute pas, je sens qu'Il a du chagrin, mais Il ne se fâche jamais.

Mon Ami est toujours avec moi, au travail ou à la maison. Il est mon compagnon de tous les instants, où que j'aille. Il est ma Puissance supérieure, telle que je La conçois. Il est le Dieu que je connais.

Colorado Springs, Colorado

LE CHEMINEMENT D'UN ATHÉE

Quatre membres d'un groupe des AA ont été appelés à un hôpital, en dernier recours et par acquis de conscience, pour rendre visite à un homme dont la condition mentale et physique était presque sans espoir. On allait l'interner comme alcoolique incurable dans un établissement psychiatrique d'État, et ce serait sûrement sa dernière demeure. Les AA ? Pourquoi pas ? Rien ne pourrait être pire que le sort qui l'attendait. Il allait les écouter, mais à une condition : il ne voulait pas entendre parler de « bondieuserie ». Il était un athée avoué et là-dessus, sa position était claire ; il n'avait aucune intention de changer, quelles que soient les conséquences.

Les quatre hommes lui ont parlé ; il les a écoutés et à la fin, il s'est montré intéressé. Il y avait encore une difficulté majeure : Dieu. Si cette notion faisait partie du programme, les AA n'étaient pas pour lui. Les quatre hommes ont réfléchi et soudain, l'un deux a parlé, doucement d'abord, se demandant quel effet aurait son approche. Il a mis le patient en face de son état, de son impuissance, de sa maladie. Pendant qu'il parlait, il devenait de plus en plus certain qu'il était sur la bonne voie. Il a souligné que lui-même et les trois autres membres présents étaient devenus abstinents et parvenaient à le demeurer. Ils travaillaient, ils étaient heureux. Ils étaient certainement plus forts que lui, ce que le malade ne contesta pas. Ne pourraient-ils donc pas être considérés comme une sorte de puissance supérieure, capable de l'aider à retrouver la raison ?

Cette pensée l'a fait réfléchir et, dans les profondeurs embrumées de son cerveau, une faible lueur d'espoir a jailli. Oui, il les acceptait comme sa puissance supérieure ; il pouvait remettre sa vie entre leurs mains. Les quatre se sont regardés. C'était un début, mais ce ne serait pas facile.

Le cheminement fut en effet long et laborieux. Mais lentement les « toiles d'araignée » ont commencé à disparaître. À mesure que le patient lisait la documentation des AA, il avait de plus en plus hâte de recevoir la visite de ses quatre premiers amis et des autres membres du groupe qui venaient aussi le voir. Son rétablissement physique a pris beaucoup plus de temps que sa guérison mentale. Ce fut donc un grand jour lorsqu'il a pu enfin se vêtir et dire adieu à l'hôpital, aux médecins et aux infirmières qui lui avaient redonné la santé physique. Quelle différence, se disait-il tout en s'habillant, entre ce départ et l'autre qu'il avait failli prendre vers l'établissement psychiatrique de l'État. Sa confiance, sa foi en quatre hommes avait rendu sa guérison possible. Mais, au-delà de cette porte qu'il franchissait, pourrait-il demeurer abstinent ? De toute façon, il commencerait par l'être *aujourd'hui*.

Il s'est lancé à corps perdu dans la thérapie AA, assistant à plusieurs réunions par semaine. Il n'avait pas beaucoup de résistance physique, mais il n'était jamais trop fatigué pour répondre à un appel de Douzième Étape. Il gardait un souvenir vivace de la première visite que les membres des AA lui avaient faite et de ce qu'elle lui avait apporté.

Un jour, on lui a demandé de rendre visite à quelqu'un qui avait besoin d'aide. En arrivant, il a vu que le destin lui avait fixé un étrange rendez-vous. L'alcoolique en face de lui était un prêtre. Il a dû recourir à tout le doigté et à toute la sagesse dont il était capable car il n'avait jamais même imaginé devoir relever un tel défi. Lui, qui avait repoussé le Dieu de cet homme, devait maintenant trouver les mots qui lui permettraient d'établir une communication. Après quelques balbutiements maladroits, il a subitement pu parler facilement à ce frère alcoolique. Ils ont développé une bonne amitié et ce fut un jour de grande joie lorsqu'il est devenu le parrain du prêtre. Ils ont beaucoup appris l'un de l'autre. Où peut-être que pour chacun d'eux, la connaissance avait toujours été là et n'attendait que la personne capable de la faire remonter à la surface.

Pendant les années qu'il lui restait à vivre, cet homme fut souvent amené à aider les alcooliques à trouver le chemin de la sobriété. À deux reprises, il a dû venir en aide à des pasteurs en difficulté – des ministres du culte. Deux fois encore, il a eu le privilège de parrainer des hommes consacrés au service de Dieu, ce Dieu qu'il a maintenant adopté à son tour.

Il est mort après sept ans de sobriété continue, en paix avec lui-même et avec sa Puissance supérieure. Son héritage est celui-là même que les AA laissent à tous, partout dans le monde, plus important que toute autre richesse terrestre. C'est un héritage vivant, incarné dans les hommes et les femmes qu'il a aidés et qui, à leur tour, ont tendu la main à ceux qui en avaient besoin.

Sioux City, Iowa

LA SEULE RÉALITÉ

Je suis tellement las de vagabonder dans mes rêves, et pourtant, mon « moi » m'y ramène sans cesse. Pour moi, Dieu est la seule issue. Il est la seule véritable réalité et tout le reste nous vient de Lui.

Marin AA, membre des Internationaux

RAISON OU CONSCIENCE ?

Lorsque j'ai entendu pour la première fois le conseil : « Écoute la voix de Dieu », j'ai regardé autour pour voir qui était présent. Je croyais que les gens qui entendaient des voix étaient généralement logés aux frais de l'État, dans des établissements appropriés. Comme j'habitais déjà un de ces endroits, je me suis dit que si les autorités me surprenaient en train d'écouter des voix, je n'aurais jamais la moindre chance d'en sortir.

Puis, un jour, j'ai vraiment essayé d'écouter la voix de Dieu et je me suis rendu compte qu'Il m'avait déjà parlé à plusieurs reprises. À propos des chèques sans fonds que j'avais encaissés, de mes mensonges, de certaines relations que j'avais entretenues et dont je n'aurais pas voulu qu'on fasse un film, de mon mode de vie égoïste, du mal que j'avais fait à mes amis et à mes parents.

Oui, Dieu me parlait par ma conscience. Naturellement, quand je buvais tellement d'alcool que je risquais de provoquer une disette de ce précieux liquide, il n'était pas question de Puissance supérieure et ma conscience n'avait pas voix au chapitre. Lorsque j'en suis venu à croire, ma conscience s'est imposée à nouveau et maintenant, (guidé par elle) je m'efforce de réparer mes fautes passées, comme il est suggéré dans la Neuvième Étape.

La raison (ou le bon sens, si vous préférez) est aussi un moyen de connaître la volonté de Dieu, mais je préfère me fier à ma conscience. Quand je buvais, ma raison me disait que je risquais ma santé, mon emploi, mon compte en banque et beaucoup d'autres choses. Où ce raisonnement humain m'a-t-il conduit ? À deux bouts de papier : l'un de mon patron, disant qu'il pouvait très bien se dispenser de mes services ; l'autre, de mon gérant de banque, pour me rappeler que même s'il avait beaucoup d'argent, il pensait que j'en avais déjà eu plus que ma part. Ma « raison » m'avait conduit à la déchéance physique et mentale complète, puis à un séjour dans un établissement psychiatrique. La sagesse humaine avait failli à la tâche ; il me fallait une sagesse plus grande – beaucoup plus grande – que la mienne. C'est cette Puissance supérieure que j'ai trouvée dans ma conscience.

Je n'ai maintenant qu'à rassembler les faits tels que je les perçois et à Lui laisser tirer une conclusion. Ma conclusion à moi, c'est que la Puissance de Dieu se manifeste à travers les résultats obtenus. Combien de fois, guidés uniquement par la foi, n'avons-nous pas adopté une certaine ligne de conduite pour nous dire ensuite, lorsque les résultats confirmaient la justesse de notre choix, que nous étions doués d'un don de prophétie ? Un don de prophétie ? Foutaise ! Vous est-il arrivé d'être perplexe devant une ou plusieurs alternatives, jusqu'à ce qu'une circonstance purement fortuite vienne subitement vous indiquer la voie ? Cela m'est arrivé et selon moi, ce n'est qu'une autre des nombreuses interventions de Dieu en ma faveur, une autre façon de me guider.

Je n'ai pas besoin d'aide pour me raser le matin, ni pour prendre un bain (occasionnellement, toutefois). Je ne peux pas non plus compter sur l'intervention divine pour frapper une balle de golf comme on doit le faire. Mais j'ai eu besoin d'aide pour savoir que je devais réparer mes torts envers tous ceux que j'aimais, pour les soucis et les souffrances que je leur avais causés au temps où je buvais. Lorsqu'en toute humilité, j'essaie de transmettre notre message à d'autres alcooliques moins fortunés, je sais que le plan de la Puissance supérieure nous parvient par les autres êtres humains. Pour nous, alcooliques, cela ne veut pas dire des personnes riches ou pauvres, mais des gens spéciaux, comme des alcooliques. Parmi ceux qui peuvent m'éclairer et à qui je dois dévoiler ma conscience ou ma Puissance supérieure, je dois inclure les personnes qui m'ont épousé, m'ont aimé, m'ont accordé leur amitié et leur confiance, comme tous ceux qui font confiance à d'autres alcooliques.

Il importe peu que ce soit la raison ou la conscience qui m'ait éclairé. J'en suis venu à croire en une Puissance supérieure à moi-même, et cela m'a sauvé.

Bulawayo, Rhodésie

VOIX INTÉRIEURE

Bien longtemps avant que les récriminations et les pressions des autres au sujet de ma consommation abusive d'alcool aient quelque effet sur moi, la voix insistante de ma conscience, celle de ma vérité intérieure, me disait de façon irréfutable que j'avais perdu la maîtrise de l'alcool, que j'étais impuissant. Je sais aujourd'hui que cette voix intérieure était celle de Dieu, tel que je Le conçois. Car j'avais appris dès ma tendre enfance, et les AA me l'ont affirmé, que Dieu émane de l'intérieur de chacun de nous.

Lakewood, Ohio

FOI EN L'ÊTRE HUMAIN

Mes parents m'ont donné une foi que j'ai perdue avec les années. Non, ce n'était pas une foi religieuse, bien que j'aie été exposé aux enseignements de deux confessions différentes. Aucune ne me fut imposée ; je m'en suis éloigné par ennui, et ma faible et superficielle foi en Dieu s'est évanouie dès que j'ai essayé d'y réfléchir.

C'est la foi en l'être humain que mes parents m'ont enseignée, en me prodiguant de l'amour et en me respectant comme un être ayant le droit de faire ses propres choix. Cet amour, je l'ai accepté, je leur ai rendu sans me poser de questions, comme une loi de la nature.

Plus tard, laissé à moi-même, j'ai continué à me sentir entouré d'une bienveillante protection. Mes supérieurs immédiats, hommes ou femmes, semblaient nourrir envers moi autant de bienveillance que mes professeurs l'avaient fait. Curieusement, cette bonne fortune m'irritait parfois. « Que se passe-t-il ? me demandais-je. Est-ce que j'éveille l'instinct maternel ? » Je sentais qu'un élément intérieur, au plus profond de moi-même, était en lutte contre ma foi en l'être humain. C'était un orgueil rigide et déchaîné, un besoin d'indépendance totale. Avec les gens de mon âge, j'avais toujours été d'une timidité maladive et, même à cette époque, je voyais avec justesse ce handicap comme un symptôme de mon égoïsme, la crainte que les autres ne partagent pas la haute opinion que j'avais de moi-même.

Cette opinion n'incluait certainement pas l'image de moi en tant qu'ivrogne. Je soupçonne souvent que l'orgueil tue autant d'alcooliques que la boisson. J'aurais facilement pu être victime, car j'ai surtout réagi à la progression en flèche de mon alcoolisme par des efforts désespérés pour le camoufler. Demander de l'aide ? Quelle idée ridicule !

Le jour est pourtant venu où mon orgueil a mordu la poussière (temporairement) et où j'ai demandé de l'aide à des êtres qui m'étaient étrangers. Mais la santé revenue, mon orgueil a refait surface et mes deux premières tentatives pour m'approcher des AA furent peine perdue. (Durant cet intermède, des amis non alcooliques m'ont aussi aidé, sans que je leur demande.) Après avoir tenté une fois de plus, sans succès, de boire normalement, je me suis rendu à l'évidence et j'ai adhéré sérieusement au mouvement des AA.

Heureusement, je me suis joint à un groupe qui consacre ses réunions fermées à l'étude des Étapes. La plupart des membres avaient leur propre conception d'un Dieu personnel. L'atmosphère de foi qui m'entourait était si intense qu'il m'arrivait de penser que j'étais sur le point de m'y abandonner. Ce ne fut pas le cas. Pourtant, chaque discussion des Étapes m'amenait à y découvrir une signification plus profonde.

La « Puissance supérieure à nous-mêmes », dans la Deuxième Étape, représentait les AA, mais pas seulement les membres que je connaissais. Elle signifiait tous les membres, partout, chacun ayant le souci de l'autre, créant ainsi une ressource spirituelle supérieure à notre force individuelle. Une femme de mon groupe croyait que les âmes des alcooliques décédés, y compris ceux d'avant les AA, alimentaient cette source de bonne volonté. J'aurais voulu faire mienne cette si noble pensée.

La Troisième Étape, ce fut d'abord les beaux matins sans gueule de bois du début de mon abstinence, les jours qui me semblaient toujours ensoleillés et que je passais près de ma fenêtre, sans emploi immédiat, me sentant quand même heureux et confiant. Puis ce fut l'acceptation joyeuse de ma place dans le monde : « J'ignore Qui ou Quoi est le meneur du jeu, mais je sais que ce n'est pas moi ! » La Troisième Étape m'a aussi permis d'envisager la vie de façon positive, efficace : « Si je nage dans l'eau salée et que, pris de panique, je commence à me débattre, je m'y noierai. Mais si je me détends et lui fais confiance, elle me maintiendra à flot. »

Même si la Quatrième Étape ne mentionne pas la Puissance supérieure, le mot « moral » évoquait en moi le mot péché, c'est-à-dire une offense à Dieu. L'inventaire a donc été pour moi une occasion d'essayer de décrire honnêtement mon caractère ; du côté passif j'ai inscrit les tendances susceptibles de blesser le prochain. En essayant de m'ouvrir aux autres plutôt que de me renfermer sur moi-même, j'espérais que ce contact avec mon prochain adoucirait les angles trop rigides de ma personnalité - les Sixième et Septième Étapes.

Je ne suis pas certain d'avoir mis consciemment les Étapes en pratique, mais chose certaine, elles me transformaient. Vers ma quatrième année de sobriété, je me suis rendu compte, grâce à un incident banal, que ma vieille faiblesse, la timidité, avait disparu. « Je me sens chez moi dans le monde, » me suis-je surpris à penser.

Aujourd'hui, dix ans plus tard, c'est encore vrai. Si je fais le bilan complet de ma vie, je constate que les bienfaits de mon expérience chez les AA sont beaucoup plus grands que les ravages de mon alcoolisme actif. Qu'est-ce qui a dominé mon orgueil (du moins temporairement) en me rendant accessible ? Je n'ai pas trouvé de meilleure réponse que ce que mon père appelait « la force de la vie ». (Il était médecin de famille à l'ancienne mode et avait souvent vu cette force surgir ou faiblir.) Je crois que cette force nous habite tous. Elle anime tout ce qui vit. Elle règle le mouvement des galaxies. La métaphore de l'eau salée, appliquée à la Troisième Étape, n'a pas été choisie par hasard car pour moi, l'océan est un symbole de cette force. C'est lorsque je contemple la ligne sans fin de l'horizon du pont du navire que je m'approche le plus intensément de la Onzième Étape. Je suis alors réduit à ma véritable dimension ; je sens en toute sérénité que je suis une partie infime d'une réalité immense et indéfinissable.

Mais l'océan n'est-il pas un symbole plutôt froid ? Oui. Est-ce que je crois qu'il est conscient du petit poisson, qu'il se préoccupe du sort de qui que ce soit ? Est-ce que je lui parlerais ? Non. Une fois, vers la fin de ma période active, j'ai adressé trois mots à Quelque chose de surnaturel. Dans l'obscurité qui précède le matin, je me suis levé de mon lit et je me suis mis à genoux, les mains jointes, et j'ai supplié : « De grâce, aide-moi. » Puis, haussant les épaules, je me suis dit : « À qui est-ce que je parle ? » et je me suis recouché.

Lorsque j'ai raconté l'incident à ma marraine, elle m'a répliqué : « Mais *Il* t'a répondu. »

Peut-être, mais je ne le sens pas. Je n'ai pas discuté avec elle, et je ne cherche pas maintenant à percer le mystère par la logique pure. Si vous pouviez me prouver logiquement qu'il existe un Dieu personnalisé, ce dont je doute, je ne serais quand même pas enclin à dialoguer avec une Puissance que je ne ressentirais pas. Par ailleurs, si je pouvais vous démontrer logiquement qu'il n'y a pas de Dieu, ce dont je suis incapable, votre vraie foi n'en serait pas ébranlée. En d'autres mots, les choses de la foi sont entièrement en dehors du domaine de la raison. Existe-t-il quelque chose au-delà de la raison ? Oui, je crois qu'il y a quelque chose.

Entre temps, nous sommes tous ici ensemble. Pas seulement les alcooliques, mais tous les êtres humains. Et nous avons besoin les uns des autres.

New York, New York

CONVERSATION

Je crois que le programme des AA est simplement l'application quotidienne et pratique de la volonté de Dieu. Je crois aussi que le réveil spirituel réside dans la certitude que Dieu aide l'individu, si celui-ci est entièrement honnête dans ses efforts.

Si Dieu entrait dans ma cellule de prison pour bavarder, le dialogue pourrait être le suivant :

Dieu : Il y a longtemps que Je t'ai à l'œil et Je suis heureux que tu essaies enfin de t'aider.

Moi : Je fais de grands efforts, mais, honnêtement, j'ai peur.

Dieu : Continue et écoute les gens qui travaillent pour Moi chez les AA. Mets leurs conseils en pratique. Je dois partir maintenant. J'ai un programme très chargé. Mais si tu as besoin de Moi, Je serai toujours là.

Waupun, Wisconsin

DIEU EST BON

Avant de connaître les AA, je ne pouvais ni ne voulais admettre que j'étais dans l'erreur. Mon orgueil ne me le permettait pas. Pourtant, j'avais honte de moi. Prisonnier de ce dilemme, j'ai banni Dieu de ma vie parce que je pensais qu'il exigeait de moi une ligne de conduite trop élevée pour un homme faible comme je l'étais. De toute façon, j'étais convaincu que le *pardon* des fautes n'existait pas et que Dieu me demandait la *perfection*. La morale de la parabole de l'enfant prodigue m'échappait.

Croyant qu'essayer ne suffisait pas, j'ai cessé d'essayer. Je m'en suis senti coupable. Pendant un certain temps, l'alcool a noyé mes remords, jusqu'à ce qu'il en devienne la principale cause. Il a fallu que je sois battu dans toutes les fibres de mon être, physiquement, moralement, émotionnellement, avant de pouvoir mettre mon orgueil de côté et rendre les armes. Mais l'admission ne suffit pas. Ma situation a empiré jusqu'à ce que j'abandonne complètement. Des profondeurs de mon enfer, j'ai hurlé : « Mon Dieu, aide-moi. » Il m'a alors conduit à la sortie du labyrinthe et m'a confié aux soins d'un groupe de personnes qui pouvaient me guider.

Je sais cela, aujourd'hui. Mais à l'époque, j'ai rejeté Dieu et j'ai déclaré que je ne croyais pas en la prière. Il a fallu un certain temps à mes conseillers pour qu'ils puissent m'amener à recourir à la prière pour m'adresser à Dieu. Jusqu'à ce moment-là, le mouvement des AA et ses membres étaient ma Puissance supérieure. Ils étaient tangibles, sympathiques et compréhensifs, et ils m'accueillaient chaleureusement. Mais mon sens faussé de la justice me disait que Dieu n'avait aucune raison de me pardonner. La simple mention de Son nom éveillait en moi la honte et la culpabilité.

Lorsque j'ai capitulé complètement et accepté la nature de ma maladie, de même que le sens profond de la Première Étape, il a fallu que je m'accroche à une force plus grande. Le Mouvement ne répondait plus à ma notion de Puissance supérieure. (Pour moi, les AA demeurent une preuve de l'existence de Dieu, mais ne Le remplacent pas.) C'est ainsi que, faute de ne pouvoir faire autrement, j'en suis venu à croire.

Ma croyance profonde en l'existence de Dieu s'accompagne maintenant d'une énorme confiance en Lui. Il est bon. Je crois que tout ce qu'Il m'envoie est pour mon plus grand bien. Ce changement d'attitude a pris du temps et suppose l'abandon de ma résistance au changement. Ce n'est qu'au prix de ces difficultés et de ces épreuves que j'ai pu enfin capituler. Ce n'est qu'en acceptant la défaite complète de mon orgueil et de mon ego que j'ai pu commencer à gagner.

Je n'aime pas les victoires faciles. Les gens qui se marient ne vivent pas heureux indéfiniment. Je ne pouvais pas cesser de boire et vivre dans l'utopie. Chaque jour, Dieu nous présente un nouveau défi : parfois la prospérité, parfois l'adversité. La prospérité peut mener à la suffisance et l'adversité à l'apitoiement. Les deux sont des luxes que je ne peux pas me permettre. Au moment où je subis des épreuves, je n'en découvre pas toujours les aspects positifs, mais le seul fait de pouvoir écrire ces lignes me prouve que j'ai raison de croire en la bonté de Dieu.

À la lumière de mon expérience, mon opinion strictement personnelle est qu'on s'enrichit spirituellement dans la mesure où on grandit spirituellement. Plus j'accepte Dieu, plus Il me comble. Plus j'apprécie les bienfaits reçus, plus j'essaie de manifester ma gratitude. Ma capacité d'apprécier la vie a beaucoup augmenté. Avec le résultat que jour après jour, je me sens de plus en plus en paix avec mon prochain, avec Dieu et avec moi-même.

Deminq, Nouveau-Mexique

« TOUS LES SAINTS DU CIEL... »

Je suis anglican (membre de l'église d'Angleterre) depuis ma naissance. Dans notre liturgie, nous chantons un hymne qui se retrouve sans doute dans d'autres religions : « C'est pourquoi, avec les anges, les archanges et tous les saints du ciel, nous louons et glorifions Ton nom. » Puisque je n'ai aucune connaissance du ciel et de ceux qui l'habitent, chaque fois que je chante cet hymne, je remplace l'expression « et tous les saints du ciel » par les mots « et tous les Alcooliques anonymes ».

Étant un membre des AA Isolés, je me sens loin de tout et abandonné à moi-même. Mais je crois en la puissance de la pensée collective, pour le bien ou le mal. Ainsi, je crois que la pensée collective de l'association mondiale des Alcooliques anonymes doit avoir, partout dans le monde, une certaine influence sur les alcooliques, qu'ils en soient conscients ou non.

Kenton-sur-mer, Afrique du Sud

LA PRÉSENCE QUI GUIDAIT MES PAS

Enfant, la prière « Maintenant que je m'allonge pour dormir » et le cantique « Jésus m'aime » faisaient partie de ma vie quotidienne. Plus tard, les classes de religion du dimanche et les offices religieux ont naturellement fait partie de mes activités hebdomadaires. Je ne sais pas vraiment dans quelle mesure ces pratiques ont eu de l'influence sur ma vie de petit garçon, mais lorsque j'avais des peurs ou des ennuis, j'allais toujours chercher réconfort et assurance chez un adulte vivant.

J'ai sans doute conservé ces habitudes de jeunesse pendant plusieurs années, même après avoir cherché dans la bouteille le réconfort et la solution de mes problèmes. Mais au fur et à mesure qu'augmentait ma dépendance à l'alcool, ainsi que le stress, la souffrance et la solitude qui l'accompagnait, il semble que j'ai totalement cessé de croire. Je suis devenu un paradoxe humain. Dans mes moments de désespoir, j'implorais Dieu de me tirer de cette terrible situation et l'instant suivant, je Le maudissais presque de m'avoir abandonné. À l'occasion, je défendais longuement devant les autres mes convictions athées et je disais ouvertement que je ne croyais pas en Dieu – s'il existait, comment pouvait-il laisser une de Ses créatures endurer tellement de souffrances et vivre l'enfer qui était le mien ?

Chaque jour devenait si pénible que finalement, tel un petit enfant effrayé, je me suis tourné vers un adulte sobre et sain d'esprit pour obtenir aide et réconfort. Il m'a amené dans un endroit où j'avais juré ne jamais mettre les pieds : à une réunion des Alcooliques anonymes. La minute de silence au début de l'assemblée m'a surpris et impressionné. À la fin de la réunion, j'ai eu un choc en voyant le groupe se lever et dire le Notre-Père. J'ai essayé de le réciter avec eux, mais j'en avais oublié les mots depuis longtemps. Encore là, j'étais impressionné. Je suis rentré chez moi dans un état de bien-être, bien que j'aie été ivre quelques heures auparavant. Il me semblait avoir enfin trouvé l'espoir et l'aide que je recherchais. Cette nuit-là, je me suis endormi d'un sommeil paisible et profond, tout en essayant de me rappeler les paroles du Notre Père.

Le lendemain et les semaines qui ont suivi, j'ai eu l'impression réconfortante de ne pas être seul. À chaque minute de chaque jour, cette présence puissante et bénéfique semblait me guider. Je ne la voyais pas, mais elle était là. Je n'ai surtout pas parlé de cette expérience à qui que ce soit, craignant qu'on ne me dise que j'imaginais des choses et qu'avec le temps et la patience je retrouverais la raison. D'ailleurs, je n'étais pas absolument certain de jouir d'une parfaite santé mentale, mais j'étais très heureux de ce qui m'arrivait et je voulais que cela continue. Si c'est là une manifestation de folie, me disais-je, je ne veux surtout pas en guérir.

Un jour, j'ai soudainement senti que cette présence invisible, ce grand Quelqu'un ou Quelque chose, avait disparu. Sur le coup, je me suis senti très seul, puis j'ai compris que ce Quelqu'un de plus grand que moi avait décidé que je devais faire face moi-même aux réalités nouvelles d'une vie nouvelle. Pourtant, comme l'enfant qui traverse seul la rue pour la première fois sait que sa mère le surveille de la fenêtre, je savais que si j'avais besoin d'aide le long de la route, Il ne serait jamais loin. Lorsqu'à travers ces expériences personnelles, j'en suis venu à croire qu'il y avait une petite place pour moi dans le plan directeur du divin Architecte, j'ai découvert que j'avais atteint un niveau de foi suffisant pour m'aider à vivre chaque jour avec confiance et raison.

Grand Island, Nebraska

UN ÉLÉMENT VIVANT DES AA

Dieu est un élément vivant des AA. Je sens Sa présence dans les regards remplis d'amour des gens qui m'entourent. Son plus grand commandement est : « Aime ton prochain comme toi-même. » Il me semble que c'est là tout le programme des AA.

Marysville, Ohio

LE PROGRÈS SPIRITUEL

9

Nous ne sommes pas des saints. Ce qui compte, c'est que nous sommes disposés à progresser selon des principes spirituels. Les principes que nous avons adoptés sont des guides vers la croissance. Nous parlons de croissance spirituelle plutôt que de perfection spirituelle.

Bill W.

« Les Alcooliques anonymes », p. 67

DESTINATIONS

Douze Étapes seulement. À une époque où l'on est soumis aux statistiques les plus invraisemblables, ce nombre ne semble pas bien considérable. C'est le contenu des Douze Étapes qui fait toute la différence.

Je me souviens de l'émotion que nous avons ressentie, ma femme et moi, lorsque nos jumeaux âgés de onze mois ont fait leurs premiers pas. Puis, un deuxième, puis un troisième, puis un quatrième, et bientôt il ne fut plus possible de les compter. Nos enfants étaient libres, libres d'aller de l'avant.

Ce premier pas est très important, qu'il s'agisse de celui d'un enfant chéri qui apprend à marcher, ou de l'acceptation de la Première Étape par un homme qui commence un nouveau mode de vie. En observant le visage de mes enfants, j'y ai vu les mêmes qualités que nous devons posséder pour attaquer les Douze Étapes des AA : l'audace, tout risquer dans l'expérience ; le sens de la direction, qu'il faut suivre sans déviation, sans détour ; l'esprit de décision, pour avancer sans hésitation, sans réserve ; la détermination, pour se rendre jusqu'au bout. Destination : une vie pleine, une vie libre, une vie sereine.

Albany, Australie

COMPLÈTEMENT LIBRE

Après onze ans de sobriété, un jour à la fois, je suis devenu de plus en plus conscient du privilège incroyable dont je bénéficie. Au début, je n'avais d'autre ambition que celle de demeurer abstinent d'alcool un jour à la fois. Jamais je ne me suis inventé de prétextes pour ne pas assister à une réunion des AA, et j'ai lu toutes les publications approuvées par la Conférence que j'ai pu acheter ou emprunter. J'ai aussi lu d'autres livres, comme « The Varieties of Religious Experience » de William James (parce que Bill W. l'avait lu). De même, j'ai lu et je continue de lire plusieurs pensées quotidiennes de spiritualité (y compris mon précieux « Vingt-quatre heures par jour »). J'ai assisté à des classes de confirmation dans ma paroisse pour revoir l'enseignement chrétien de mon enfance, enseignement dont je m'étais tellement éloigné.

Le progrès et la compréhension se sont manifestés lentement, mais de façon soutenue. J'ai finalement pu ressentir de la gratitude pour ma sobriété, pour la grâce rédemptrice de Dieu. Je me sens complètement libre maintenant, parce que j'ai appris qui je suis. J'ai appris à mieux connaître les *êtres humains* chez les AA et cela m'a conduit à une meilleure compréhension de moi-même. Je sais que la croissance spirituelle est une chose belle, grande et profonde et je n'ai fait que franchir le seuil.

En me rendant aux réunions et en côtoyant les nouveaux membres des AA, je découvre qu'ils ont beaucoup de choses à m'apprendre. Leurs problèmes sont un peu différents des miens et ils n'ont pas vécu ce terrible isolement que nous, les « vieux membres », avons connu. Par contre, ils sont mieux informés, plus ouverts, et je les crois plus éveillés car ils apprennent plus vite que nous. Peut-être n'ont-ils pas à aller aussi loin que nous pour se rétablir, mais leur route est plus encombrée et la direction moins précise. La lutte est donc la même et nous avons besoin les uns des autres. Nous avons besoin de l'expérience des autres, de leur force et de leur espoir, peu importe leur âge ou la durée de leur abstinence.

La grâce de Dieu ne nous vient pas comme ça, de nulle part ; elle nous arrive par les autres êtres humains, tous ceux qui comme vous et moi ont connu la souffrance et la délivrance.

Je suis heureux d'appartenir à une association vivante et progressive, mue par un cœur infaillible. La puissance divine est le cœur des AA, et ce cœur ne flanche pas, peu importe à quel point nous, pauvres mortels, sommes perdus ou insensés.

Bismark, Dakota Nord

L'ÉMERVEILLEMENT DES DÉCOUVERTES

Je voulais devenir le membre qui a le mieux « réussi » de mon groupe des AA. C'était bien longtemps avant que je ne puisse avoir l'esprit clair. Si je suis demeuré abstinent, c'est surtout à cause de la peur et du plaisir de transmettre le message. Je parlais, fréquemment et abondamment, de l'importance de « faire ses Étapes » et de « vivre ce nouveau mode de vie ». Mais, c'est tout ce que je faisais, j'en parlais. Je n'essayais pas réellement de mettre les Étapes en pratique.

Je cherchais plutôt une aide spirituelle et la paix d'esprit dans mon église. J'étais convaincu que cette activité me méritait bonheur et santé. Cela n'a pas fonctionné.

Sans jamais retoucher à l'alcool, ma santé s'est détériorée. Je suis devenu très nerveux et hypertendu. Il en est résulté un ulcère à l'estomac, de la haute tension sanguine et une névrite aiguë qui m'ont conduit à l'hôpital où je suis devenu presque aveugle, infirme et proche de la mort.

Après que les médecins eurent déterminé la cause exacte de ma maladie, ils ont prédit que je m'en tirerais. J'avais alors tout le temps de penser et de méditer. J'ai passé toute ma vie en revue – les années d'avant les AA et les douze années dans notre Mouvement. D'une certaine façon, je me sentais capable de regarder en toute objectivité ce que j'avais été et ce que j'étais devenu. Pour la première fois de ma vie, j'ai pu constater que j'étais, à 100%, un salaud invétéré. J'étais si égocentrique, si plein de moi-même, que je n'avais réussi qu'à me détruire. Chez les AA, je n'avais pas appris beaucoup plus que de « garder le bouchon sur la bouteille ». Je n'avais pas essayé de pratiquer toutes les Douze Étapes de notre programme.

J'ai compris que Dieu, à deux reprises, m'avait sauvé de l'autodestruction. J'en ai éprouvé un grand sentiment de gratitude et j'ai essayé de Le remercier. J'avais la forte impression que Dieu m'avait épargné dans un but très précis. Afin d'exprimer ma reconnaissance, je voulais consacrer le reste de ma vie à essayer d'aider les autres, et je savais que le mouvement des Alcooliques anonymes était l'un des meilleurs endroits pour le faire, loin de mes vieilles conceptions erronées de la « réussite ».

J'ai découvert la satisfaction qu'on éprouve à aider à placer les chaises avant les réunions et à nettoyer les cendriers. J'ai rapidement découvert qu'il pouvait être très gratifiant de faire du service chez les AA, et j'y ai pris beaucoup de plaisir. Je suis retourné aux notions fondamentales et j'ai repris les Douze Étapes depuis le début, et j'ai été étonné des découvertes que j'ai faites – à mon sujet et au sujet de ma Puissance supérieure. J'aurais pu vivre cette expérience plusieurs années auparavant si j'avais suivi le programme suggéré et si j'avais, comme le suggère le Gros Livre, voulu « tout faire pour l'obtenir ».

Aujourd'hui, les AA me donnent le privilège de me sentir à l'aise dans un monde de gens « normaux ». Le Mouvement me permet d'essayer de vivre et de travailler au sein de ma paroisse et de ma communauté, où j'espère être en mesure d'apporter ma modeste contribution à l'amélioration du climat général qui profitera aussi à la génération future.

Cordell, Oklahoma

UN MIRACLE INDÉNIABLE

Mon alcoolisme n'avait pas atteint un point critique lorsque j'ai demandé l'aide des AA pour la première fois, mais les effets de trente années passées à boire étaient tangibles et ma vie spirituelle se trouvait à peu près inexistante. J'ai perdu l'envie de boire dès ma première réunion et, convaincu, j'ai adhéré au programme avec enthousiasme. J'ai aimé les slogans, j'ai assisté aux réunions, je me suis fait des amis et j'ai transmis le message selon mes conceptions d'alors.

Peu après mon entrée chez les AA, j'ai entrepris une conversion religieuse. J'avais toujours été chrétien, pour la forme seulement – j'étais aussi ignorant des questions spirituelles qu'on peut l'imaginer. En découvrant ce qu'était le vrai christianisme, j'ai étudié la théologie et toutes ses ramifications. Je suis devenu membre laïc d'un ordre religieux et je communiais tous les jours. Je me sentais en sécurité et progressivement, je me suis éloigné du Mouvement. Je ne participais plus aux réunions, j'ai perdu contact avec mes amis AA et je suis devenu un homme fort « occupé ».

Lorsque j'ai recommencé à boire, après treize années d'abstinence, j'avais la conviction que les AA seraient toujours là si jamais les conséquences s'avéraient désastreuses. À ma grande surprise, l'effet de l'alcool était presque imperceptible. Pendant deux ou trois ans, il m'est arrivé de boire à l'occasion. La vie que je menais était tout à fait différente de celle que j'avais vécue quinze ans auparavant. Peu à peu, en me mentant adroitement, j'ai eu la conviction que je m'étais trompé au sujet de mon alcoolisme. Pendant quelques années, j'ai réussi à présenter l'image d'un buveur social. Il y eut des signes contradictoires, mais je les ai ignorés. Je savourais l'illusion de pouvoir contrôler la situation.

Ma vie spirituelle s'est détériorée lentement ; pendant un temps, les effets physiques et psychologiques de l'alcool n'étaient pas réellement manifestes. Inévitablement, le jour est venu où j'ai dû admettre que je ne pouvais ni diminuer la quantité considérable d'alcool que je prenais, ni cesser de boire. En désespoir de cause, je me suis fait hospitaliser. Sur mon dossier, on avait écrit : « alcoolisme aigu ». J'en avais tous les symptômes, y compris les hallucinations. À ma sortie de l'hôpital, j'ai continué à boire, complètement obsédé.

Un jour, mon médecin m'a suggéré une nouvelle hospitalisation. J'ai répondu que j'y penserais. Le même jour, une amie est venue prendre le thé chez moi (mon thé contenait plus que la moitié de vodka) et elle ma dit tout bonnement : « Tu sais, mon vieux, cela ne vaut pas la peine ! » C'est tout ce qu'elle m'a dit.

Après son départ, la petite phrase « Cela ne vaut pas la peine » m'a longtemps trotté dans la tête. Le lendemain, j'ai téléphoné à l'intergroupe des AA et j'ai demandé une liste des réunions. Depuis ce jour, je n'ai plus jamais repris d'alcool.

Aujourd'hui, je vois jusqu'à quel point je m'étais fait des illusions sur moi-même. Durant ces treize premières années chez les AA, ma sobriété n'avait pas la qualité qu'elle semblait avoir. Durant les deux années qui ont suivi, je me suis convaincu qu'être capable de boire était un privilège. Quand je suis retourné chez les AA, leurs préceptes m'ont semblé tout nouveaux, notamment la signification profonde de la Première Étape, la « bombe atomique » de tout le programme. Au lieu d'accepter les Étapes sur le champ pour les oublier le lendemain, cette fois, j'ai commencé à les vivre tous les jours, trouvant un nouveau sens à chacune.

Ma foi est maintenant profonde, et ma conception et ma compréhension du programme sont bien différentes d'avant. Mon mode de vie des AA exige une activité constante – une rigoureuse honnêteté et reconnaître la nécessité de vivre une seule journée à la fois. Il me faut aussi être patient. En signe de gratitude, je dois humblement en venir à croire à chaque instant de chaque jour. Je dois quotidiennement m'abandonner et confier ma vie à Dieu, sinon je risque de perdre tout ce que j'ai gagné. J'ai toujours cru en Dieu, mais je ne dois pas oublier combien il est facile de s'en éloigner et de perdre la raison.

« J'ai cherché mon âme, mais je ne pouvais pas la voir. J'ai cherché mon Dieu, mais Il m'a échappé. J'ai cherché mon frère et j'ai trouvé et mon frère, mon âme et mon Dieu. » Nos frères, nous les trouvons chez les AA, et c'est là que se trouve la force spirituelle. Votre conception de Dieu est peut-être différente de la mienne, mais nous pouvons tous, je crois, admettre que c'est l'esprit divin qui imprègne les réunions des AA, et que la sobriété de tous et chacun est la preuve d'un miracle.

Un miracle se définit comme étant un événement inexplicable, un fait d'origine surnaturelle, un acte de Dieu. J'accepte cette définition. David Stewart a écrit : « Un miracle est un événement étonnant, résultant de l'effort conjoint de Dieu et d'un être humain. » Je suis d'accord – et chez les AA, cet « être humain » devient un groupe de personnes. Les AA réussissent parce que, tous et chacun, nous poursuivons un but commun pour lequel nous travaillons : le progrès mental, émotionnel et spirituel par l'amour et le service. Une fois que nous en sommes venus à croire, il nous est donné de poursuivre ce but.

Selon moi, la découverte de la foi ne se produit pas qu'une seule fois dans la vie. C'est une expérience que je dois répéter chaque jour, aussi longtemps que je vivrai et grandirai.

New York, New York

POUR UNE SEULE RAISON

Je crois que nous sommes tous sobres et vivants pour une seule raison : Dieu nous confie une tâche. J'en suis également venu à croire que je dois plaire à Dieu d'abord, à moi-même en second lieu, et aux autres par la suite. Lorsque je peux vivre et me comporter selon ce principe, ce qui n'est pas toujours facile, tout va bien. Mais lorsque j'essaie de mener ma barque, tout va mal.

Akron, Ohio

Le progrès spirituel

L'EXPÉRIENCE CAPITALE

Je n'ai pas la prétention de connaître Dieu dans toute Sa plénitude. J'ai même l'impression que je ne Le comprends pas du tout. Mais, ce que je sais avec certitude, c'est qu'il existe quelque part une puissance plus forte que ma volonté personnelle qui peut faire des choses merveilleuses que je ne saurais faire si j'étais laissé à moi-même. J'ai ressenti ce merveilleux pouvoir de guérison en moi et j'ai vu les effets miraculeux de ce pouvoir mystérieux et indéfinissable chez des milliers de toxicomanes en voie de rétablissement, devenus mes amis chez les AA.

Pendant plus de vingt ans, j'ai été un athée ou un agnostique. Durant cette période, je suis devenu un alcoolique chronique, un accro des amphétamines, et j'ai fait une faillite totale dans tous les domaines de ma vie. J'étais le seul responsable des horribles souffrances que je m'infligeais. Durant toutes ces années, dans mon orgueil, je disais souvent : « Si Dieu existe, qu'Il me fasse un signe ». J'avais oublié que c'était moi qui avais rompu les liens lorsqu'à dix-sept ans, je m'étais cru le plus fort. C'est d'ailleurs à cet âge que j'avais entrepris de démontrer que Dieu n'existait pas et pendant plus de vingt ans, cette opinion a été confirmée maintes fois. Aussi, la première chose que j'ai comprise au sujet de Dieu est qu'*Il coopère énormément.* Il m'a fallu plus de vingt ans de souffrance pour apprendre cette vérité !

Dans un deuxième temps, j'ai appris que Dieu est amour. Un saint a dit : « Celui qui aime est né de Dieu. » Dès mon premier contact avec les AA, j'ai eu le privilège de rencontrer un tel homme. Ce jour-là, il a assisté à trois réunions des AA avec moi et il m'a invité chez lui pour le repas du midi et du soir. J'étais intimidé, confus : j'ai pensé que s'il avait su qui j'étais réellement, il ne m'aurait jamais laissé entrer chez lui. Pourtant, s'il n'y avait eu que son amour et sa compréhension, je n'aurais pas adhéré au Mouvement. Ce n'était pas la première fois que l'on m'offrait de l'amour, de l'encouragement, des conseils et de la compréhension. Mais, cette fois-là, j'ai été réceptif ! Nous ne sommes pas sauvés par l'amour seul, mais par la réponse que nous apportons à l'amour. *Notre compréhension de Dieu augmente dans la mesure où nous acceptons de répondre à Son amour.*

Mon parrain m'a suggéré : « Prie, si tu le peux ». Je n'avais pas la foi. Mais, j'ai pensé que la prière pouvait être un excellent moyen de détente et, seul dans mon appartement, je me suis agenouillé comme un enfant et je me suis adressé au Dieu inconnu. Je lui ai demandé : « Dieu, enlève-moi l'obsession de l'alcool ». Je n'ai jamais eu soif depuis ce moment-là. Sans savoir ce qui se passait, je m'étais abandonné à la Puissance, et la Puissance a fait pour moi ce que jamais je n'ai pu faire par ma propre volonté.

J'assistais à une réunion des AA chaque soir et, chaque soir, je priais. Immanquablement, ma prière était un merveilleux entretien avec Dieu. Cette « Expérience capitale », comme je l'appelle maintenant, m'enveloppait et me permettait un travail d'introspection à la mesure de mon esprit encore confus. J'ai reçu de grands dons – le don de la foi et la confirmation de la foi – j'étais si exalté que j'hésitais entre fonder une religion ou poser ma candidature à la papauté.

Pendant trois mois, j'ai fréquenté les réunions, j'ai prié, j'ai rêvé, mais je remettais toujours l'action au lendemain. Le nuage rose a disparu et à l'occasion, j'ai commencé à me sentir inconfortable. On m'a dit que j'étais prêt à mettre un peu d'ordre dans ma vie, en commençant par la réparation des dégâts passés. La troisième découverte au sujet de Dieu a été : « *La foi sans les œuvres est une foi morte.* »

Peu à peu, j'en suis arrivé à mettre en pratique les autres Étapes, de la Quatrième à la neuvième, et après quatre ans, le souvenir de mon passé est devenu moins douloureux. *J'en suis venu à croire en un Dieu miséricordieux qui pardonne, mais qui n'oublie pas.* Je n'ai aucun désir d'oublier mon passé, mais il ne m'est plus une source de honte et de remords. Au contraire, ces souvenirs me remplissent aujourd'hui de gratitude et de joie. Toute ma vie tient du mystère divin. Je ne sais pas comment un être humain intelligent a pu sombrer dans une telle déchéance, et plus je retrouve ma lucidité, plus je suis étonné d'en être sorti.

Très tôt dans ma vie chez les AA, j'ai compris que le contact avec Dieu et la notion de Dieu n'étaient pas une de leurs inventions. Pour moi, il n'était pas suffisant de me fier à mes expériences personnelles et de répéter l'expression « Dieu tel que je Le conçois » dans les réunions. J'ai redécouvert le Dieu de la Bible, grâce à l'application des techniques décrites par Norman Vincent Peale dans son livre, « La Puissance de la Pensée Positive ». Je fais partie d'une église de mon choix et j'ai fait la paix avec le Dieu de mon enfance. J'ai appris que le Dieu effroyable que j'avais alors imaginé était en réalité un Dieu d'amour.

Les dossiers des institutions religieuses ont bientôt commencé à ressembler de plus en plus aux miens : beaucoup de promesses, mais peu de résultats. Alors, je me suis intéressé au mysticisme chrétien qui m'a orienté vers les techniques de méditation profonde et l'étude des religions comparées. J'ai commencé à comprendre que les mystiques de toutes les traditions - chrétienne, juive, hindoue, bouddhiste, taoïste ou musulmane - parlaient le même langage. En des termes parfois différents, elles décrivent toutes l'unique Tout-Puissant, créateur de toutes les autres réalités, qui peut être directement connu par la prière et la méditation profondes.

J'ai commencé à méditer le matin et le soir. Les résultats ont été si surprenants que j'ai éprouvé le besoin d'être guidé personnellement dans cette démarche. L'apparition de cauchemars horribles et d'obsessions bizarres m'a fait craindre de continuer la route seul. Je me suis tourné vers des institutions qui, à Toronto, enseignaient les techniques de la méditation et j'ai choisi celle qui me semblait la plus appropriée.

Je ne saurais dire, aujourd'hui, les opinions que je partagerai et les techniques que je suivrai dans un an ou dans cinq ans. Mais, tout au long des cinq dernières années, j'ai remarqué que j'ai toujours été beaucoup plus heureux lorsque mon engagement envers les AA et leurs Douze Étapes a été plus important que mon implication dans toute autre activité ou groupe.

Maintenant, dans ma vie quotidienne, j'essaie d'améliorer ma compréhension de Dieu en me tenant à sa disposition selon trois principes fondamentaux : en me consacrant à des actes positifs, en optant pour des pensées positives et en entretenant une vie intérieure positive.

Pour moi, l'action positive, c'est d'essayer consciemment d'être au service des autres, que cela me plaise ou non, selon l'enseignement des saintes écritures auxquelles je crois. J'ai découvert qu'il m'est plus facile d'orienter mes actions d'après ma foi que d'orienter ma foi d'après mes actions. Un des sentiers que j'emprunte quotidiennement pour aller vers Dieu est celui de la fraternité qu'on trouve chez les AA. La grande tragédie de l'alcoolique, c'est que plus que tout autre humain, il éprouve un immense besoin d'amour véritable, mais à cause de son alcoolisme, il devient de moins en moins aimable. L'amour que m'ont donné les membres des AA a été ma première planche de salut et aujourd'hui encore, je suis quotidiennement en contact avec des membres qui m'aiment et me comprennent, parce que je continue à en éprouver un aussi grand besoin que lors de mon arrivée chez les AA.

Un autre sentier qui me conduit vers Dieu et qu'il me faut suivre jour après jour, c'est celui de la pensée positive. Les AA m'ont enseigné que, bien que cela ne soit pas toujours facile, il est toujours possible d'écarter les pensées négatives qui me viennent à l'esprit et d'accéder, par la répétition d'un slogan, à un sentiment de gratitude qui me permet de voir les choses positivement. La pensée positive suprême est « Dieu », mot qui exprime notre foi et notre harmonie avec l'univers.

Par la prière, je m'engage sur le sentier de la foi vers Dieu. Chaque matin, je confie ma vie et ma volonté aux soins de Dieu tel que je Le conçois. Sa puissance, source de mon unité intérieure, m'a graduellement conduit vers un état de sérénité et de bonheur que j'avais toujours cru impossible.

Par la méditation profonde, je chemine sur le sentier facile qui me mène vers Dieu. Je médite une demi-heure le matin et le soir. Le but de la méditation transcendantale est de concentrer l'attention de l'esprit sur la source même de la pensée, et de permettre de transposer l'état de béatitude ainsi produit dans le cours normal de la vie pour que toute notre journée en soit illuminée.

Je me rends de plus en plus compte de l'expansion infinie du bonheur qui est accessible de l'intérieur. Il est écrit dans les textes sacrés hindous : « Tout naît de la Joie ; tout est maintenu par la Joie; tout retourne à la Joie. » Plus j'adhère à ce principe, plus je profite de la vie. Finalement, mon Dieu, tel que je Le conçois, est joie et abondance de joie.

Toronto, Ontario

CONFIER SA BARQUE

Pendant longtemps, mes livres préférés ont été ceux d'Homère : « L'Odyssée », parce que la vie est un long voyage ; « L'Iliade », parce que la vie est un combat. Aujourd'hui, je me demande : « Est-ce que la vie doit nécessairement être comme Homère l'a décrite ? Pourquoi devrais-je passer tout mon temps à me fuir moi-même ? Pourquoi être toujours en guerre contre moi-même ? Pourquoi refuser et détester cette vie que Dieu m'a donnée ? Pourquoi ne pas me détendre et confier ma barque à Quelqu'un qui est beaucoup plus compétent que moi pour diriger et organiser ? »

Seattle, Washington

JE DOIS APPRENDRE

Plusieurs d'entre nous résument ainsi les trois phases de notre connaissance et de notre progrès : « Je suis venu. J'en suis venu. J'en suis venu à croire. »

Il m'a fallu environ trois ans avant d'atteindre la troisième phase. Depuis, je crois avoir fait l'expérience d'un contact toujours plus intense et fortifiant avec Dieu tel que je Le conçois.

« L'homme est prêt à mourir pour une idée, à condition que cette idée ne soit pas tout à fait claire pour lui », écrit Paul Eldridge. C'est ainsi que j'envisage le côté spirituel du programme des AA. J'ai de la difficulté si j'essaie de l'analyser ou de le comprendre. Voici quelques notes éparses pour illustrer ma conception :

Le cardinal Newman disait : « C'est le grand effort de réflexion qui tient éloigné de Dieu. » Je crois que c'était mon cas. Le slogan « Lâcher prise et laisser agir Dieu » a dû être écrit pour moi...

Pour moi, Dieu est cette voix calme et tranquille que j'entends si souvent me répéter chaque jour : « Paul, tu aurais pu faire mieux ! »

Je vis seul. Il fut un temps où je m'ennuyais. Mais aujourd'hui, je peux profiter des bienfaits qui ne viennent que durant ces instants de solitude ...

Je proteste souvent contre tout ce qui me semble des limites ou des obstacles. Mais elles pourraient être les choses dont j'ai le plus besoin. Ce que j'appelle des empêchements, des obstacles, des écœurements, sont sans doute des opportunités de Dieu...

Tout en essayant de progresser dans le programme des AA, je dois parfois faire un retour en arrière sans pour autant tomber dans le ressentiment contre mon passé. Les AA m'ont enseigné comment me comporter avec le passé, comment le garder à sa place et dans sa perspective. Je crois que je dois apprendre, que je dois permettre à Dieu de m'enseigner que la seule façon de me débarrasser du passé est d'aller y puiser la source d'un meilleur avenir. Dieu ne gaspillera rien...

Maintenant que je suis sobre et que j'ai essayé de confier ma vie et ma volonté aux soins de Dieu, je crois que le plus grand don que je puisse faire au monde, à un groupe de personnes ou à un individu, c'est celui de ma personne. Je crois que Dieu a donné à chacun de nous une personnalité unique et qu'en retour, chacun de nous doit la partager avec les autres. Maintenant, je *peux* donner la mienne aux autres, avec joie de vivre, chaleur, amitié, bonheur et sobriété !...

Je crois aussi que Dieu nous a tous faits différents pour une autre raison : je suis convaincu qu'il existe un domaine dans lequel je peux exceller plus que n'importe qui au monde. C'est ce que Dieu pense. Et il veut que j'agisse en conséquence ! Par la pratique des Douze Étapes, plusieurs membres des AA ont trouvé la tâche qui *leur* est confiée ici-bas. Et ils agissent en fonction de cette tâche.

Ainsi, les Douze Étapes doivent continuer à s'imposer à moi et à me pousser vers l'action avec plus de force que n'importe quelle autre réalité de la vie. Ce n'est qu'en mettant ces Étapes en pratique que je parviens à découvrir de plus en plus ce que Dieu m'a réservé comme tâche.

Dieu pense peut-être que je ne suis capable que de jouer un très petit rôle dans ma communauté. Mais ce rôle est là. Il m'attend. Alors, avec l'aide de mes amis AA, je dois essayer d'en définir la nature. Et, toujours avec leur aide, je dois le remplir !

Toronto, Ontario

SOURCE DE FORCE

Quelques années avant d'adhérer au mouvement des AA, je savais que j'étais en train de devenir folle. Je me souviens d'avoir imploré l'aide de Dieu. À ma grande surprise, j'ai eu la force de quitter mon mari. (J'avais peur qu'au cours d'une cuite, j'en vienne à le tuer ou qu'il me tue.) Ce fut le début d'un long cheminement à partir de ce moment jusqu'à ce que je puisse obtenir de l'aide et savoir que Dieu était présent dans ma vie.

J'ai entrevu une lueur d'espoir à ma première réunion des AA. J'avais peur de ne pas être atteinte de la maladie de l'alcoolisme ; dans une telle éventualité, je n'avais aucune chance de m'en tirer. Je ne vivais plus normalement ; mes dépressions me paralysaient.

Le progrès spirituel

Les AA semblaient m'offrir le programme et la structure dont j'avais tant besoin. J'ai commencé à ressentir un début de motivation et un faible désir de vivre. Au cours de longs mois d'isolement pénible et de haine, j'ai lentement commencé à déceler une voix intérieure qui cherchait à se faire entendre. Lors d'une réunion des AA, je me suis forcée à dire quelques mots pour me prouver que j'existais. Puis, j'ai commencé à éprouver un peu de liberté, mais je n'étais pas encore vraiment libérée. J'avais rencontré des amis chez les AA et ils étaient devenus ma famille, mais bientôt, ce ne fut plus suffisant. Faisant face à la vie pour la première fois, j'étais terrorisée. Je pouvais discuter de mes problèmes avec des amis et des médecins, mais il manquait encore un élément important dans ma vie.

Jusque-là, j'avais toujours confié ma vie à un homme et je faisais de lui ma seule raison de vivre. Je savais que si je répétais cette erreur, la déception serait difficile à accepter. Il me fallait trouver ma *propre* raison de vivre. C'est peut-être à ce moment-là que j'ai commencé à faire confiance à Dieu. Quelqu'un qui me protégerait, Quelqu'un qui ne me posséderait pas, Quelqu'un que je pourrais prier et à qui je pourrais parler en silence. Peut-être avais-je trouvé le désir de croire.

J'ai confié à une de mes amies qui avait les mêmes problèmes que moi que je priais Dieu afin de ne pas prendre mon premier verre aujourd'hui et de ne pas me marier aujourd'hui. En somme, c'était un pacte que je prenais très au sérieux. Je semblais incapable d'entretenir à la fois une aventure amoureuse et un contact avec Dieu. Dieu a commencé à me donner la force que j'avais toujours attendue de l'homme de ma vie !

J'ai besoin de soutien chaque jour parce que je m'épuise facilement. Mais avec les AA pour encadrement et Dieu comme source de force, je peux affronter la vie sans prendre d'alcool. Je n'ai plus besoin de regarder désespérément dans le vide. L'océan, le soleil, les arbres et toutes ces beautés fantastiques créées par Dieu sont devenus une réalité pour moi. J'ai un besoin pressant du contact avec la nature. Mais je ne dois jamais oublier que c'est mon esprit, qui me vient de Dieu, qui sera la source de mon rétablissement. Je peux me tourner vers lui partout où je me trouve.

Maintenant, j'ai un grand désir de partager ma vie avec un autre être humain. J'ai pourtant peur de faire le pas. C'est vrai que j'ai toujours eu peur de tout et de rien; mais aujourd'hui je sais qu'il est possible de surmonter la peur.

New York, New York

NOUVELLES CONVICTIONS

Quand je suis arrivée, tremblante et morte de peur, à ma première réunion des AA, je pensais que je ne croyais plus en quoi que ce soit. Quel miracle s'est accompli lorsque j'ai senti que je pouvais avoir confiance aux AA après une seule réunion et une conversation avec mon parrain ! Cet espoir m'a ramenée à d'autres réunions et peu à peu, j'ai acquis la certitude que le mouvement des AA avait toutes les réponses à mes problèmes et que si je voulais bien essayer, je pouvais demeurer abstinente d'alcool, un jour à la fois. Cependant, j'ai découvert que la réussite supposait mon effort personnel pour mettre le programme en pratique.

Après avoir fortifié ma confiance aux AA, je me suis rendu compte que toutes les Douze Étapes étaient importantes pour progresser dans la sobriété. Mais je butais contre la Troisième Étape et sa référence « aux soins de Dieu ». Je l'ai donc contournée, sachant que j'y reviendrais un jour, et je me suis attaquée à la Quatrième Étape. Lentement et péniblement, j'ai commencé à me reconnaître. J'ai découvert que ce n'était pas vrai que je ne croyais à rien. J'avais plutôt cru aux mauvaises choses :

J'avais cru qu'il me fallait un verre pour avoir confiance en moi.

J'avais cru que j'étais laide.

J'avais cru que je ne valais rien.

J'avais cru que personne ne m'aimait.

J'avais cru que je n'avais jamais eu de chance.

Lors d'une réunion fermée, un membre avait dit : « Il y a du bon en chacun de nous. Recherchez-le, entretenez-le, soignez-le et il portera des fruits. » Alors, j'ai commencé à chercher des valeurs positives en moi-même. Je me suis rendu compte que mon complexe d'infériorité et mon arrogance représentaient deux extrêmes de ma personnalité. Il me fallait donc trouver le juste milieu. Je me suis efforcée *d'agir comme si* :

Les AA me redonnaient confiance.

J'avais une personnalité attachante, même si je n'étais pas jolie.

J'avais de belles qualités, comme tout le monde.

Je m'aimais et par conséquent, je pouvais aimer les autres.

La foi me débarrassait de la peur qui m'avait toujours habitée.

Aujourd'hui, je crois que je *peux* m'améliorer grâce aux outils du programme des AA : les Étapes, les publications des AA, le partage dans les réunions fermées, le contact avec les membres plus expérimentés qui ont acquis ce mystérieux don de sérénité. J'ai découvert que tous les membres que j'admirais et à qui je voulais ressembler avaient mis en pratique la Troisième Étape. Je voulais faire comme eux.

Il me fallait donc trouver un Dieu que je pouvais comprendre, et me disposer à m'abandonner à Lui. J'ai compris que je devais dire : « Que Ta volonté soit faite ». Mais à qui s'adressait l'expression, « Ta volonté » ? À quoi en étais-je venue à croire ? J'ai fait un recul pour analyser. En *quoi* en étais-je venue à croire ?

J'en étais venue à croire au programme des AA.

J'en étais venue à croire qu'une puissance (AA) supérieure à la mienne pouvait me rendre la raison.

J'en étais venue à croire que je n'avais plus besoin d'alcool.

J'en étais venue à croire que je pouvais devenir une personne à part entière.

J'en étais venue à croire que la foi pouvait dissiper la peur.

J'en étais venue à croire que je pouvais m'aimer et ainsi aimer les autres.

J'en étais venue à croire que l'amour était la clé.

Avec un esprit ouvert, je suis retournée à la Troisième Étape et j'ai confié ma volonté et ma vie aux soins de Dieu tel que je le conçois.

Fort Lauderdale, Floride

10

« DANS TOUS LES DOMAINES DE NOTRE VIE »

Rendre service aux autres avec joie, remplir fidèlement nos obligations, bien accepter nos problèmes ou les résoudre avec l'aide de Dieu, savoir qu'avec les autres, à la maison ou à l'extérieur, nous sommes associés dans un commun effort, bien comprendre qu'aux yeux de Dieu, chaque être humain a son importance, détenir la preuve qu'on est toujours pleinement payé de retour pour un amour librement consenti, garder la certitude que nous ne sommes plus seuls ni enfermés dans une prison que nous aurions nous-mêmes érigée, conserver l'assurance de n'être plus une cheville carrée dans un trou rond, mais de jouer un rôle dans le grand plan de Dieu et d'en faire vraiment partie – telles sont les satisfactions permanentes et légitimes d'un vie droite, satisfactions que ne sauraient compenser ni les plus grands apparats ni les plus grandes accumulations de biens matériels.

Bill W.

« Les Douze Étapes et les Douze Traditions », p. 142-143

C'EST AINSI QUE NOUS MARCHONS

Après avoir passé presque dix ans sur des tabourets de bars, refusant de travailler et fuyant les gens, je me suis amenée avec mon problème d'alcool chez les Alcooliques anonymes. Ce n'était certes pas la démarche la plus excitante à laquelle pouvait rêver une jeune mariée, mais je devais admettre qu'une vie incontrôlable n'aurait pas été utile au bébé que j'attendais.

Par contre, puisque mon mari était membre des AA avant notre première rencontre, la vie a semblé devenir tout à fait complète dès que je m'y suis jointe à mon tour. J'étais abstinente depuis trois mois lorsque notre premier enfant est né. Treize mois plus tard, je donnais naissance à notre second enfant. Notre troisième « bébé AA » est né un an et quatre mois après le second. Ainsi mon évolution chez les AA a été marquée par la naissance de trois petites filles. À mon troisième anniversaire d'abstinence d'alcool, je ne pouvais imaginer que l'on puisse être plus comblée que moi.

Puis, il y a eu un tournant. Soudain je me suis sentie tout à fait étrangère au mode de vie des AA. Un médecin a confirmé nos plus grandes craintes lorsqu'il nous a annoncé que notre cadette était atteinte d'une maladie grave. Il a parlé de dystrophie musculaire, mais les études en laboratoire ont contredit ce diagnostic. Nous n'avions donc qu'une vague définition du problème de notre petite fille ; les spécialistes amenés en consultation disaient qu'il s'agissait d'une forme de paralysie cérébrale. Aucun d'eux ne nous donnait l'espoir d'une guérison et l'orthopédiste nous a annoncé brutalement que notre fille ne marcherait jamais.

Cette suite de prédictions pessimistes m'a fait perdre courage. Évidemment, je savais qu'en pareille circonstance, ma fille avait besoin de toute la force dont sa mère pouvait faire preuve. Il me semblait que je n'en avais aucune. Mon mari a gardé confiance ; il croyait, sans l'ombre d'un doute, que les médecins se trompaient. Il n'a jamais douté qu'un jour, notre fille marcherait.

Nos amis AA avaient également une profonde confiance dans la guérison de notre enfant. Ils ont fait de leur mieux pour raviver le peu d'énergie qu'il me restait, et ces témoignages positifs de foi remplis d'amour m'ont permis de réévaluer mon évolution dans le programme des AA. J'étais abstinente, mais avais-je confié ma volonté aux soins de Dieu tel que je Le concevais ? Qu'est-ce que je faisais du « contact conscient » avec mon Être suprême ? La Dixième Étape faisait-elle partie de ma vie quotidienne ou était-ce un effort d'une seule occasion ?

La plupart de mes réponses étaient négatives. Ainsi donc, alors que ma fille pouvait être dans une condition physique désespérée, mon attitude risquait de retarder son progrès spirituel et psychologique. Il n'y avait pas d'autre solution que celle de cesser de me torturer pour mon enfant et de concentrer mes efforts sur moi-même.

Durant les années qui ont suivi, j'ai redoublé d'activités au sein du Mouvement. Je me suis tournée vers ma Puissance supérieure, Dieu, comme je ne l'avais jamais fait auparavant. Puis, un beau jour, notre fille a marché ! J'avais accidentellement laissé échapper sa main. Notre réaction devant cet événement a été la même que celle des personnages des Écritures lorsque l'infirme s'est mis à marcher : « émerveillement et stupéfaction ».

Notre fille a douze ans maintenant et les autorités médicales ont qualifié son progrès de « sans précédent ». Je suis encore hantée par la déclaration d'un neurologue qui nous disait que la coordination de notre fille est réglée par son esprit. Tant et aussi longtemps qu'il demeure libre et alerte, son activité physique est vive et dégagée. Quand son esprit faiblit, ses activités sont hésitantes. Avais-je besoin d'une meilleure leçon ?

Cette enfant est mon manuel d'enseignement de « Notre Méthode ». Depuis le jour où j'ai lâché prise mentalement, jusqu'à celui où j'ai abandonné physiquement, elle a progressé au-delà de toutes nos espérances et de tous nos rêves. J'essaie maintenant de suivre son exemple en m'efforçant de mettre en pratique le programme des AA. Comme le disait un grand penseur : « Avoir confiance en soi, c'est finalement avoir confiance en

Dieu. » Comment nier cette vérité lorsque l'expérience personnelle démontre qu'il en est ainsi ?

Philadelphie, Pennsylvanie

DE L'ISOLEMENT À LA SOLITUDE

« Je suis seul ! – Je suis seul ! » C'est le cri de tous les alcooliques qui boivent à travers le monde, dans l'isolement de leur chambre, dans un bar rempli à craquer, au cœur d'une réunion de famille, ou bien dans la rue au milieu de centaines de personnes. De façon contradictoire, les gens nous tapaient sur les nerfs et nous nous isolions pour « avoir la paix ». Mais là non plus, nous n'étions pas satisfaits ; nous ne pouvions pas supporter bien longtemps le poids de nos sombres pensées.

Nous avons essayé de meubler notre isolement avec la bouteille et pendant quelque temps, nous avons réussi, mais pas pour longtemps. Lorsque nous avons atteint un bas-fond et constaté que nous ne pouvions pas continuer à vivre comme nous le faisions, nous nous sommes retrouvés, par la grâce de Dieu, plongés dans un isolement insoutenable, séparés de tout et de tous. C'est alors que nous avons pu prendre conscience de notre façon de vivre, de notre problème et de notre situation désespérante. Ce n'est qu'à ce moment-là que nous avons pu nous poser des questions, y répondre et prendre des décisions. Nous pouvions décider de faire quelque chose au sujet de notre problème d'alcool et de *notre façon de vivre.*

Il y a deux façons pour l'homme de concevoir la solitude. Dans notre langage, l'isolement signifie la douleur d'être seul. La solitude exprime l'avantage d'être seul.

Que se passe-t-il chez les AA qui nous rend capables, non seulement d'endurer la solitude, mais d'en éprouver parfois un bien-être ? Qu'est-ce qui change notre isolement en solitude ?

L'amour et la compréhension que nous trouvons chez les AA forment un rideau protecteur entre nous-mêmes et le douloureux isolement de nos jours de beuverie. Durant les premières semaines, certains d'entre nous passent la plus grande partie de leur temps dans un « club des AA » à bavarder avec d'autres membres. Puis, il devient évident que nous devons aller travailler et faire face aux besoins et aux responsabilités de la vie quotidienne. Nous avons peur. Notre ancien isolement refera-t-il surface lorsque nous serons éloignés des autres membres des AA ?

Tôt ou tard, en pratiquant les principes des Douze Étapes, nous découvrons en nous-mêmes une chose très précieuse, une certitude intérieure qui nous permet d'être à l'aise, peu importe que nous soyons seuls chez nous ou en tout autre lieu où la vie nous conduit.

Les membres des AA ne sont pas des infirmes émotifs ; ils n'ont pas besoin que quelqu'un leur tienne la main à chaque instant de la journée pour les empêcher de tomber. L'aide de Dieu, tel que nous Le concevons, l'amitié rencontrée dans le groupe et la pratique des Douze Étapes sont les moyens par lesquels nous nous fortifions.

À mesure que les semaines d'abstinence s'accumulent, nous en venons à apprécier et même à savourer les quelques moments de solitude que nous pouvons trouver au milieu de la course trépidante de notre vie moderne. Quand nous cessons de craindre l'isolement et que nous commençons à apprécier et à profiter de la solitude, nous avons fait un grand progrès. Nous comprenons qu'un peu de solitude est nécessaire pour réfléchir et essayer de mieux comprendre certaines des Étapes. Dans la solitude, nous faisons notre inventaire. Dans la solitude, nous admettons à nous-mêmes la nature exacte de nos torts. Dans la solitude, notre esprit se met à la recherche d'une Puissance supérieure ; dans la solitude, nous cherchons, par la prière et la méditation, à découvrir la volonté de Dieu à notre égard.

La solitude peut être recherchée et vécue de plusieurs façons – dans le silence de la nature, en lisant de la poésie, en écoutant de la musique, en admirant des tableaux et en se recueillant. Nous sommes seuls, mais non isolés. Ces expériences ne peuvent pourtant pas répondre à toutes nos questions. C'est alors que nous revenons parmi les hommes.

Certains d'entre nous veulent devenir créateurs dans un domaine quelconque. Mais pour le devenir ou le rester, il faut des moments de solitude. Une heure de solitude *consciente* pourra enrichir notre créativité beaucoup plus que de longues périodes passées à apprendre des techniques de créativité.

La solitude n'est pas facile à trouver ; elle n'existe que dans le silence, quand nous permettons à notre âme de s'élever silencieusement vers Dieu. Nous pouvons y arriver même au cours d'une journée très remplie, dans une pièce bondée ou dans des conditions extrêmement difficiles. Personne ne peut nous ravir ces moments. Le centre de notre être, notre moi profond, qui est la base de notre solitude, s'élève jusqu'au centre divin et est ramené en lui. Ce n'est que dans un mouvement qui élève d'abord vers Dieu et de là, retourne vers l'autre personne, que nous pouvons trouver la communion d'esprit avec l'humanité.

Même l'amour renaît dans la solitude, car ce n'est que dans la solitude que ceux qui sont seuls peuvent rejoindre ceux dont ils sont séparés. Une heure de solitude peut nous rapprocher davantage de ceux que nous aimons que plusieurs heures de communication. Nous pouvons les emmener avec nous jusqu'aux « collines de l'éternité ».

Houston, Texas

LE BONHEUR

Afin d'en arriver à une définition pratique du bonheur dans mes tentatives pour reconstruire ma vie brisée suivant le mode de vie des AA, j'ai d'abord voulu essayer de me rappeler le genre de bonheur que nous recherchions dans le passé. Je me suis rendu compte que pour la plupart d'entre nous, le bonheur était synonyme de plaisir.

Dans l'alcool, nous recherchions l'euphorie et l'évasion des responsabilités, même les plus petites. Nous cherchions à nous protéger contre les intempéries du petit univers qui nous entourait ; nous cherchions un lit moelleux sur un nuage ouaté. Puis, durant quelques heures éphémères, juste avant de sombrer dans l'inconscience, nous réussissions à voguer sur l'océan du rêve.

Puis, ils ont dit : « Viens chez les AA. Nous t'aiderons à demeurer abstinent d'alcool et tu connaîtras le *vrai* bonheur. »

L'abstinence d'alcool était réelle, mais tout à coup, le monde aussi est devenu une réalité, un milieu dur et sans pitié auquel nous n'avions jamais fait face auparavant. Où donc se cachait cette merveille tant vantée qui s'appelle le bonheur ?

Un philosophe moderne a dit que le bonheur n'est pas quelque chose que l'on vit, mais quelque chose dont on se souvient. Cependant, au risque de paraître démodé, j'ose dire : « Je *suis* très heureux ». Je m'empresse d'ajouter que rien de ce que je possède présentement ne m'est venu facilement. Ce bonheur est le fruit d'un dur labeur. Il est difficile d'abandonner les caprices de l'enfant gâté. Aussi, très tôt dans mon rétablissement, j'ai eu besoin de définir certaines notions.

Le mot « Sérénité », que nous avons utilisé dès notre première réunion des AA, nous a toujours semblé difficile à définir. Parfois, il signifie imperturbable, inébranlable, la béatitude garantie ou l'assurance de conserver son impassibilité au milieu de tous les problèmes. J'ai même entendu des membres chanter la prière de la Sérénité comme une incantation pour éloigner la tentation. J'en ai vu d'autres s'en servir comme d'une baguette magique pour faire disparaître une contrariété. Voici ma propre définition du mot « Sérénité ». Je vous la donne pour ce qu'elle vaut :

Il me semble qu'une grande partie de l'agitation tumultueuse dans la vie des gens, qu'ils soient alcooliques ou non, provient de leur entêtement à vouloir résoudre des problèmes insolubles. Voilà pourquoi la philosophie contenue dans la prière de la Sérénité représente l'une des orientations les plus importantes que j'ai trouvées chez les AA.

Accepte les choses que tu ne peux pas changer. Rien de plus simple ! Si tu ne peux pas résoudre le problème *aujourd'hui*, mieux vaut l'oublier. J'avoue que ce n'est pas toujours facile. Il faut de l'autodiscipline, une qualité rare chez un alcoolique abstinent de fraîche date.

Par ailleurs, les problèmes qui *peuvent* être résolus sont le sel de la vie. Il est très stimulant de surmonter quotidiennement les conflits qui surviennent dans notre vie, du matin jusqu'au soir.

Le clou de la prière de la Sérénité se trouve à la dernière ligne : la sagesse de connaître la différence entre les situations que l'on peut changer et celles que l'on ne peut pas. Comme j'ai très peu confiance en ma propre sagesse (surtout depuis que je suis abstinent d'alcool), je trouve que le fait de remplacer le mot « sagesse » par « honnêteté » me fournit souvent les jalons dont j'ai besoin pour trouver la réponse que je cherche.

Le second principe de la prière de la Sérénité est trop souvent mal compris. Je suis constamment étonné du nombre de prétendus obstacles que j'ai réussi à surmonter parce que je les ai examinés une *deuxième* fois, parce que j'ai rassemblé toutes mes faibles énergies et que j'ai pris la situation en main.

Pour moi, la sérénité veut donc dire *l'absence de conflit insoluble*. Il me faut d'abord déterminer, après m'être examiné honnêtement, si je peux faire face à ce problème pour décider par la suite si je l'attaquerai aujourd'hui, si je le remettrai au lendemain, ou si je dois le mettre aux oubliettes pour toujours.

Nous pouvons nous fixer des objectifs réalistes si nous reconnaissons honnêtement nos limites. Il est stimulant de gagner les petites batailles quotidiennes qui nous rapprochent de ces objectifs. Voilà les vrais défis.

La maison style Charles Addams que j'essaie de reconstruire ne sera jamais le Taj Mahal, mais ce sera mon œuvre à moi, avec toutes les imperfections d'un travail d'amateur, avec les taches de sang d'un ouvrier maladroit et dépourvu de tout talent dans ce domaine.

Je ne cultiverai jamais de tomates aussi grosses que celles de mon voisin, mais mon maigre produit agricole aura meilleur goût sur ma table que le fruit de ses superbes récoltes.

Pour la première fois de ma vie, je donne à mon employeur ma pleine mesure de travail, et je goûte les bienfaits et la satisfaction du travail d'équipe, de ma modeste contribution au succès de l'œuvre entière.

La seule galerie d'art où seront accrochés mes tableaux est située dans le couloir entre notre salon et le vestibule de la maison, mais il est amusant de s'essayer dans un nouveau domaine et je sens que je m'améliore, même si je suis le seul à le constater.

Notre budget scolaire n'a pas été approuvé, mais j'ai au moins eu la satisfaction d'avoir bien débattu mon point. (Croyez-vous que je me serais intéressé à une telle question dans le passé ?) Attendez l'an prochain. Ça sera différent.

J'ai à peine connu la famille que j'ai perdue à cause de l'alcool. Ma femme actuelle et nos enfants sont des dividendes de ma sobriété et m'apportent la plus grande joie. Jamais dans ma vie, avant les AA, avais-je réellement fait quelque chose *pour* qui que ce soit. Aujourd'hui encore j'ai peine à me rattraper car je reçois beaucoup plus que je ne pourrai jamais donner.

Il n'y a qu'une chose plus belle que le visage d'un petit garçon de quatre ans au lit à l'heure du conte, c'est celui de sa jeune sœur.

Le bonheur, pour moi, c'est la réalisation, c'est la satisfaction de savoir que j'ai fait mon possible, en tenant compte honnêtement de mes limites et de mes capacités, dans tous les domaines de ma vie.

Le bonheur, c'est la gratitude pour le miracle qui m'a accordé un autre prolongement d'une vie à laquelle j'avais déjà renoncé.

Le bonheur, c'est le progrès. C'est apprendre à reconnaître tous les bienfaits que nous avons. Le progrès, c'est l'action autant que le souvenir.

New Hartford, New York

UNE LEÇON D'HUMILITÉ

Dieu, tel que je Le conçois, a le sens de l'humour. J'ai découvert cette vérité au mois de mai, quand on m'a demandé d'adresser quelques mots aux fidèles de notre église à l'occasion de la Fête des Mères.

Dès que je pensais à ce que j'allais dire, les « quelques mots » devenaient un sermon. Après quelques heures, le sermon (qui n'était pas encore écrit) devenait l'un des plus beaux jamais entendus dans notre église. Quelques jours plus tard, lorsque j'ai commencé à le rédiger, il est devenu le meilleur sermon jamais prononcé à North Bay. Au fur et à mesure que les semaines passaient, je commençais à imaginer toutes les invitations que je recevrais pour prononcer d'autres sermons dans notre église. Comme résultat, naturellement, les gens des autres églises viendraient m'entendre prêcher. Puis, j'ai cru qu'il serait normal que, plus tard, les gens des autres villes, même aussi éloignées que Sault-Ste-Marie, accourraient pour m'entendre.

Moins de cinq ans auparavant, l'une de mes plus grandes peurs avait été qu'à ma mort, personne ne vienne à mes funérailles.

Le moment venu de prononcer mon « sermon », Dieu, dans sa miséricorde et sa sagesse, s'est mis à l'œuvre. J'ai soudain eu une soif terrible, pire que toutes celles que j'avais eu lorsque je buvais. J'ai commencé mon allocution, mais j'ai dû m'interrompre toutes les deux phrases ou à peu près, pour prendre une gorgée d'eau, qui n'apaisait pas ma soif. Bientôt, celle-ci devint si intense que je buvais beaucoup et parlais très peu. J'avais une envie folle de lever mon verre et d'offrir un toast à la congrégation en leur disant : « À votre santé ».

Alors, la lumière s'est faite. J'ai compris le message. Dieu essayait de me dire : « Tu es un alcoolique. Rien de plus. Tu n'es pas un prédicateur, pas un professeur, pas un conférencier. Tu n'es qu'un alcoolique, en voie de rétablissement grâce à Mon aide ».

Et voilà ! Ce fut une leçon donnée avec humour. Une leçon que je ne dois jamais oublier. L'important n'est pas le travail que je fais, le quartier où j'habite ou le nom que je porte. Ce qui est important, c'est que je suis un alcoolique en voie de rétablissement, par la grâce de Dieu, au sein du mouvement des AA.

North Bay, Ontario

ALLER DE L'AVANT

La plupart des alcooliques que j'ai connus, y compris moi-même, ont voulu réussir. Si nous n'atteignions pas notre idéal, alors il n'y avait rien de plus beau que les rêves de succès et de gloire puisés dans la bouteille. Ces rêveries sont une camisole de force qui paralyse la vie de l'alcoolique qui boit encore.

Je crois que l'une des principales différences entre un alcoolique actif et un alcoolique en voie de rétablissement se réduit à une question de conjugaison. L'alcoolique actif a tendance à vivre dans le futur ou dans le passé. L'alcoolique sobre, avec l'aide d'une partie de la philosophie qu'il puise dans son expérience au sein des AA, vit ou s'efforce de vivre dans le présent.

L'alcoolique abstinent découvre chez les AA qu'il ne peut pas aller de l'avant tant qu'il n'a pas appris à vivre au présent. Par la Prière de la Sérénité, nous découvrons que le temps est une des choses que nous ne pouvons pas changer. La seule réalité qui compte, c'est ici-et-maintenant, alors que dans le monde irréel de l'alcoolique actif il n'y a qu'hier-et-demain.

La grâce de la sobriété repose sur l'acceptation du fait que le passé n'existe plus et que le futur existe seulement dans le présent.

Je me souviens d'un certain matin où, en m'éveillant, je me suis promis que je ne boirais pas de la journée. Je l'avais déjà promis à plusieurs reprises, sans jamais réussir. Ce matin-là, pour une raison inexplicable, j'ai entendu une voix me dire que j'étais un menteur, que je ne pouvais pas m'abstenir d'alcool aujourd'hui. Immédiatement, il s'est passé une chose pour le moins exceptionnelle : c'était le premier jour de ma vie où j'ai perdu l'obsession de l'alcool.

L'explication est simple. Quand j'ai pensé : « Tu es un menteur », j'employais le présent. Je n'ai pas dit : « Si tu passes l'avant-midi sans boire et que tu prends un verre dans l'après-midi, tu *seras* un menteur ». Dès ce moment-là, je pouvais m'attaquer à la situation parce que je la considérais au présent, non au futur. Alors, j'ai cherché les AA et j'ai découvert l'aide dont j'avais besoin. À l'instant même où je me suis reconnu comme menteur, j'ai cessé d'en être un (dans ce cas-là tout au moins).

Depuis que je me suis libéré de l'agitation qui entourait ma vie alcoolique, j'ai beaucoup réfléchi à la notion d'aller de l'avant. Dans mon ambition démesurée par l'alcool, j'avais l'habitude d'imaginer qu'aller de l'avant nécessitait d'être une espèce de bulldozer surnaturel, fonçant dans tous les sens, sautant inexorablement par-dessus les barrières de la vie, grinçant, m'agitant, grognant, insouciant des obstacles, poussé par les forces de l'ambition et par l'attrait du succès, de cette sorte de succès qui surgit si facilement du fond d'une bouteille d'alcool.

Je ne savais pas alors que pour aller de l'avant tout en conservant un climat de paix, il faut d'abord apprendre à être présent. Il faut du courage pour être présent ; il faut de la discipline personnelle et de la détermination. Toute personne qui possède beaucoup d'énergie et de la détermination peut aller de l'avant ; à preuve, les chefs de bandes, les dictateurs, les démagogues. Pour être présent, il faut savoir où l'on est avant de décider où l'on ira. Il faut chercher si l'on veut trouver, et il faut demander si l'on veut réellement apprendre à chercher. Il faut de l'humilité pour demander, de la patience pour attendre la réponse, et avoir confiance qu'elle viendra. Ce ne sont pas là, il me semble, les qualités d'un bulldozer.

J'aime à penser qu'être présent m'apporte la solution à la pratique de la Onzième Étape. Nous n'améliorons pas notre contact conscient avec Dieu, tel que nous Le concevons, en faisant de la projection vers l'avenir. Après tout, même l'éternité commence « ici et maintenant ».

Manchester, Massachusetts

UNE PHILOSOPHIE PRATIQUE

Je suis sobre depuis plus de huit ans parce que je me suis plongé dans l'entourage du mouvement des AA. J'y ai aussi reçu beaucoup d'aide sous la forme d'une philosophie pratique, une façon de penser qui produit vraiment des résultats.

« Nous avons décidé de confier notre volonté et notre vie aux

« Dans tous les domaines de notre vie »

soins de *Dieu tel que nous Le concevions.* » La Troisième Étape peut être difficile à mettre en pratique, surtout si l'on n'a pas d'inclination religieuse ou si l'on a, comme c'est mon cas, des problèmes avec la notion de « Dieu ». Pour me faciliter la tâche, j'ai reformulé la phrase pour arriver à dire : « Dieu tel que je ne le comprends pas » et « confier ma volonté et ma vie aux soins du Bien. »

Ces deux modifications ont permis à un païen comme moi d'écarter la question religieuse et d'expérimenter les avantages spirituels des AA. Pour beaucoup d'entre nous, notre conception de Dieu s'arrête à la phase frustrante de *ne pas* Le comprendre. J'ai été grandement soulagé quand j'ai appris que je n'avais pas besoin de comprendre. Après tout, il n'est pas besoin de savoir comment pousse un arbre pour fabriquer une clôture en bois. Et la philosophie des AA est pratique. Selon moi, il est impossible de comprendre Dieu avant d'avoir pratiqué la Troisième Étape. Ce n'est pas réaliste.

Comment peut-on alors pratiquer cette Étape ? Ma suggestion est qu'il vaut mieux *cesser* de vouloir la mettre en pratique. Pourquoi ? Parce qu'essayer de pratiquer la Troisième Étape peut n'être qu'une autre façon de chercher à comprendre Dieu. Encore là, ce n'est pas réaliste.

Beaucoup de gens s'entêtent à faire des efforts pour accomplir des choses qui n'en demandent pas. Nous en sommes venus à penser que rien de bon n'arrive sans effort et que le fait d'être bon pour soi-même est toujours répréhensible. Je pense plutôt que la Troisième Étape ne demande aucun effort et qu'elle peut être mise en pratique de façon tout à fait agréable.

Permettez-moi d'illustrer ma pensée par le récit d'une expérience que j'ai vécue vers la fin de ma première année chez les AA. Mes conditions de travail étaient, à mon avis, très mauvaises. J'avais beaucoup de difficulté à vivre avec mon modeste salaire. Soudain, une occasion s'est présentée. L'emploi qu'on m'offrait exigeait un déménagement et me plaçait au service d'une compagnie qui avait la réputation d'embaucher et de remercier sans aucun égard. Mais le salaire qu'on m'offrait était, dès le début, d'un tiers supérieur à ce que je gagnais alors. L'emploi que j'occupais avait été pour moi une source constante de profonde inquiétude depuis que j'avais cessé de boire ; quand cette nouvelle proposition m'a été faite, je passais déjà plusieurs mois, jour et nuit, à m'inquiéter et à me torturer l'esprit au sujet de mon emploi.

J'avais employé toutes les ressources de ma volonté pour tenter d'améliorer mes conditions de travail en écrivant des mémos, en me plaignant, en cherchant à imposer ma façon de penser à la compagnie pour qui je travaillais. Mais, j'avais quarante compagnons de travail. Je ne pouvais pas tous les changer. Puis, il y avait maintenant cette nouvelle offre d'emploi qui venait compliquer davantage la situation. Je ne voulais pas déménager ; je faisais partie d'un groupe des AA formidable et je m'y étais fait de nombreux amis. J'étais déchiré entre la perspective d'un gros salaire et la sécurité de mon emploi actuel ; entre un déménagement dans une ville étrangère et la fidélité à mes nouveaux amis AA. Mon problème pourra paraître enfantin à un prisonnier, par exemple, mais pour moi, à ce moment-là, c'était suffisant pour que mes troubles d'estomac me conduisent chez le médecin, pour affecter ma bonne humeur et pour déranger toute ma vie.

Finalement, je suis allé voir un ami AA qui avait accumulé plusieurs années d'une belle sobriété. S'il parla de la Troisième Étape, ce fut à mots couverts. Il m'a simplement dit : « Pourquoi n'essaies-tu pas de ne rien faire durant toute une année ? » Je lui ai demandé ce qu'il voulait dire. Il m'a suggéré de conserver mon emploi, de cesser de m'inquiéter pour savoir si je gagnais assez d'argent ou non, d'aller simplement travailler à chaque jour, de m'accorder le luxe de ne pas me torturer l'esprit avec mon emploi, d'accepter chaque jour tel qu'il se présentait, de toujours faire mon possible selon les circonstances, et de suivre ce programme durant toute une année. Pensez donc ! Une année sans inquiétude ! C'était mieux que des vacances payées.

J'ai suivi son conseil. J'étais tellement épuisé de me faire du souci au sujet de mon emploi que ce fut un véritable plaisir de me rendre au travail chaque jour sans m'inquiéter. En d'autres mots, j'ai lâché prise, d'une façon très positive. Mon humeur s'est améliorée et mon rendement au travail également. À la fin de l'année, j'avais reçu deux promotions et j'avais en même temps reçu deux augmentations de salaire. J'ai changé d'employeur depuis ce temps-là, mais j'ai conservé d'excellentes relations avec mes anciens patrons et camarades de travail.

Ce fut l'année la plus enrichissante de ma vie. J'ai appris, de la façon la plus pratique, la vérité de ce vieux cliché : tu ne peux changer que toi-même, pas le reste du monde. J'ai appris que l'on peut pratiquer la Troisième Étape sans faire d'effort. On peut la pratiquer en s'accordant une année libre de soucis. À la fin de l'année, si vous avez aimé vivre sans inquiétudes, répétez là encore une autre année. Chacun de nous a sa tâche quotidienne à accomplir : travailler dans un bureau ou une usine, servir dans les forces armées, prendre soin de la maison, ou quoi encore. Nous n'avons pas besoin de comprendre Dieu ni de nous énerver avec toutes ces choses qui dépassent notre volonté. Nous pouvons nous payer le luxe de ne pas nous inquiéter. Personne ne peut vivre plus d'une journée à la fois ; la seule tâche qui doit nous occuper, c'est notre travail et notre vie familiale. Nous n'avons pas à tenter de rebâtir le monde et nous ne sommes pas obligés de comprendre ce qu'aucun théologien n'a jamais compris.

Nous cessons simplement de nous mêler des affaires de Dieu. À mon avis, dès que nous cessons de jouer les dieux ou de nous inquiéter, nous avons déjà réussi à confier notre volonté et notre vie aux soins de Dieu (ou du bien), tel que nous Le concevons (ou ne Le concevons pas).

San Jose, Californie

EXTASE

Nous ne devrions pas nous contenter d'une vie tiède dans AA, ni de demi-mesure dans la pratique des Étapes, ni d'une sobriété insipide et monotone. Pas si nous voulons demeurer sobres.

Je crois que nous devons rechercher quelque chose de mieux que la monotonie, mieux qu'une vie simplement acceptable, mieux qu'une quelconque spiritualité. Dans un article intitulé « La recherche de l'extase », écrit pour le AA Grapevine, le philosophe Gerald Heard disait : « Il semblerait... qu'aucun de nous ne vit d'une façon suffisamment stimulante pour être en mesure d'affronter le stress auquel nous devons faire face sans tomber dans la dépression ... L'alcoolisme, comme toutes les autres formes de toxicomanie, n'est pas un terrain idéal pour atteindre le calme absolu. Il traduit un désir d'*extase,* un besoin de s'extirper des lagunes fastidieuses de la conformité pour s'élancer vers le large, dans les mers inexplorées, où le seul point de repaire est la voûte céleste. »

Existe-t-il quelque part un alcoolique sobre qui ne comprend pas la signification profonde de ce passage ?

Il y a quelques années, j'étais dans un bar à New York et je parlais avec un journaliste qui venait de perdre un autre emploi à cause de l'alcool. Mon expérience chez AA l'a grandement intéressé, mais ce jour-là, il était dans un état d'ébriété avancé, révolté et aucunement intéressé par toute conversation concernant *sa* régénération.

Il m'est venu une idée. Je lui ai dit : « Tu sais, H____ , je crois que l'un des grands plaisirs que les gens trouvent dans l'abus d'alcool, c'est l'impression qu'ils ont de pouvoir ainsi s'éloigner des imbéciles. C'est comme courir sur une autre piste, vivre dans un autre monde à un rythme différent. Une musique différente. Une formidable aventure existentialiste ! Toujours en équilibre instable entre « douleur-plaisir » et « progrès-désastre ». J'ai ajouté d'autres propos du genre.

J'ai vu que j'avais enfin un auditeur attentif. H. m'a dit que c'était en plein cela. Il se sentait attiré par une existence hors de l'ordinaire, avec ou sans désastre. Vivre comme les imbéciles lui était ennuyeux et avilissant. Cette perspective l'exécrait.

Je pense maintenant que cette démarche totalement infructueuse de Douzième Étape (j'espère que H. est aujourd'hui membre des AA) *m'*a aidé. Jamais, depuis ce jour, je n'ai cessé d'être conscient du fait que, comme alcoolique, je ne devrais pas me contenter d'être comme tous les autres, juste un homme ordinaire, banal. En fait, je ne sais pas ce qu'est une vie ordinaire - c'est-à-dire non alcoolique - je ne devrais donc pas risquer de semer dans mon esprit de fausses idées au sujet d'une vie normale. Non, laissez-moi plutôt jongler encore pendant quelque temps avec l'idée de monsieur Heard. Sa ligne de pensée me convient.

Si, comme alcoolique, je dois « m'élever au-dessus des lagunes fastidieuses de la conformité » et demeurer sobre, comment vais-je faire ? Me joindre à une bande de révolutionnaires ? Devenir hippie ? Apprendre le Yoga ?

Pourtant, *je* connais une réponse. Je n'ai qu'à adopter les Douze Étapes. Ennuyeuses ? Est-ce que je les ai seulement essayées ? Je ne me suis certainement pas aventuré plus loin que les trois premières Étapes durant mes deux premières années chez les AA. J'avais un raisonnement très simpliste face aux neuf dernières Étapes : elles n'avaient été ajoutées que pour compléter le tableau ; elles représentaient beaucoup plus des idées pieuses que des suggestions pratiques. Qui avait besoin de se rendre *si* loin ? ... Et ainsi de suite.

Pourtant, chemin faisant, j'avais connu un peu de malchance. J'ai dû faire face à des circonstances difficiles : emploi, santé, famille ; tout semblait crouler en même temps. J'ai alors senti le désir (il m'apparaît maintenant comme une inspiration spirituelle) de faire les quatrième et cinquième Étapes, l'inventaire et l'aveu. J'ai écrit une partie de mon inventaire, mais pas la totalité. J'ai avoué quelques-unes de mes fautes, les plus grosses, mais pas toutes. J'ai tout de même vécu une année excitante au plan du progrès spirituel. J'ai *changé*, et de façon remarquable.

Puis, j'ai connu un ralentissement, comme évidemment il doit toujours s'en produire. J'en suis venu à penser que les sixième et septième Étapes demandaient aussi une certaine attention. Je les ai trouvées intéressantes, difficiles, existentialistes, sur la clôture « progrès-désastre ». Elles permettent une nouvelle prise de conscience étonnante de Dieu et de soi-même.

J'ai découvert qu'il ne pouvait y avoir de « lagunes de conformité » pour l'être humain qui fait face à lui-même, avoue ses faiblesses, cherche à les corriger et demande à Dieu de l'aider.

De la vraie dynamite ! Avais-je le courage d'allumer la mèche ? Pourquoi ne pas simplement tout lâcher et me contenter d'une vie modeste, tranquille, pas trop exceptionnelle, pas trop spirituelle, acceptable ? Après tout, X le fait, Y le fait et Z le fait.

Sont-ils alcooliques ? Justement, non. Et que sais-je vraiment de leur vie spirituelle ? Rien du tout.

Revenons à moi. J'avais besoin d'être un *autre*. C'est pourquoi je buvais. J'ai encore besoin d'être un autre. Après avoir connu l'intoxication de la drogue et de l'excès, pourquoi ne pas essayer la méthode « tonifiante » (selon Heard) des Douze Étapes, la méthode de la santé et de la joie. Les Étapes sont le remède approprié à la maladie dont je souffre : l'alcoolisme. Elles me permettent de devenir un autre tout en demeurant sain d'esprit.

Voici maintenant où j'en suis : je sais que vivre totalement le mode de vie des AA, tel que nos prédécesseurs nous l'ont légué, ne nous transforme pas en petits saints répulsifs. Mais le mode de vie des AA risque de nous changer en êtres tout à fait vivants, conscients, et peut-être même *extatiques*. Je commence à croire que si je n'accepte pas la totalité de ce que le programme nous offre, ou nous demande, et qu'au contraire je m'en éloigne comme si c'était trop pour mes capacités, je pourrais retourner à la bouteille.

En d'autres mots, si je n'accepte pas les Douze Étapes des AA sérieusement et en entier, je ne peux pas espérer vivre pleinement « le programme ».

Vermont

« NUL NE PEUT SE SUFFIRE À LUI-MÊME »

Ma faillite spirituelle était totale longtemps avant que les AA ne s'introduisent dans ma vie et longtemps avant que l'alcoolisme ne s'installe en moi comme un parasite. Il ne me restait même plus une parcelle de foi à laquelle j'aurais pu m'accrocher. Je n'avais plus foi en l'être humain parce qu'en buvant, j'avais perdu foi en moi-même. Je n'avais plus confiance en qui que ce soit car les autres n'étaient que le reflet de moi-même et je ne pouvais plus me faire confiance.

Je suis devenue abstinente d'alcool après mon adhésion aux AA et, comme par miracle, le chaud courant de la réalité qui m'avait si longtemps effrayée m'a enveloppée et aussitôt libérée de la peur. J'ai cherché à en comprendre la raison. Avec la sobriété, un élément nouveau s'était infiltré dans ma vie.

J'ai commencé à *m'intéresser* aux autres. « Le souci des autres » et sa petite sœur, la *considération*, m'étaient inconnus. Je m'étais crue capable d'être amoureuse ; je m'étais crue une mère affectueuse ; mais ces émotions, je le vois maintenant, avaient été les déguisements de mon amour-propre. Rien ne pénétrait plus loin que mon égoïsme. Dès le début de ma sobriété, j'ai commencé à ressentir de la sympathie pour les autres buveurs, ensuite pour mes enfants, puis pour mon ex-mari. Cette compassion, accompagnée d'amour par la suite, m'a ouvert les portes d'une immense forteresse à l'intérieur de moi-même, et qui avait toujours été fermée à clef.

Une chose étrange se passait en moi : dans ma sobriété, je ne retournais pas à mon état d'âme antérieur. Je ne retrouvais pas cette impression de « bien-être » qui m'avait abandonnée lorsque j'avais commencé à boire en alcoolique. Je devenais, comme je l'avais entendu dire une fois, « mieux que bien ». En analysant ma propre personnalité, grâce à la Quatrième Étape, je me suis découvert une nouvelle substance. Je ne l'avais jamais éprouvée auparavant, même pas durant mon enfance. Il n'y avait probablement eu qu'une pierre ou un trou vide à l'endroit où elle aurait dû se trouver.

Maintenant, quelque chose prenait racine. Je commençais à penser aux autres, à être capable de me mettre dans leurs souliers pendant de brefs instants. De nouveaux horizons s'ouvraient à moi. J'ai commencé à comprendre le monde autour de moi. Je n'étais pas le centre de l'univers. (Cette découverte m'est apparue comme une calamité !) Je faisais partie d'un grand et merveilleux mystère. Je ne pouvais ni le sonder ni l'explorer parce que je n'en connaissais rien. Je ne pouvais qu'en faire le tour avec une curiosité d'enfant. Et je continue à l'inventorier. Je ne pourrai jamais, ni moi ni personne, découvrir les secrets de l'univers. Mais nous pouvons accepter leur mystère, *accepter* que nous en faisons partie, accepter la vie et la mort comme des éléments spirituels échappant à notre compréhension.

Je me suis mis à observer mes enfants. Ils étaient petits, importants. J'ai pris conscience lorsque je buvais, je les avais toujours considérés comme des petites machines de ma création, comme si j'avais construit un ensemble d'un jeu de Meccano et j'en avais été fière. Je les ai vus s'épanouir au fur et à mesure que changeait ma façon de les éduquer. Je tendais la main pour aider quelqu'un, même si parfois je ne faisais qu'écouter, et je retirais une satisfaction étrange de pouvoir aider – une découverte incroyable !

J'ai trouvé ma propre version de la spiritualité. Il n'est pas nécessaire que je sois comme les saints qui disaient avoir des visions de Dieu et recevoir directement ses conseils. Il faut que je m'intéresse aux autres humains ; c'est le seul moyen par lequel je peux recevoir la grâce de Dieu, ma Puissance supérieure, car, pour reprendre l'expression de John Donne, longtemps avant que les AA n'existent, « Personne ne peut se suffire à lui-même ».

Je commençais à me sentir en sécurité dans ma nouvelle spiritualité lorsqu'un soir, j'ai été secouée par un ami des AA qui m'a dit : « D'accord, tu peux bien pratiquer la Troisième Étape et entretenir une foi en Dieu dans ta vie personnelle, mais comment peux-tu accepter les calamités terribles qui se produisent chaque jour autour de nous ?

Encore une fois, j'étais confrontée dangereusement aux questions de mon enfance où j'avais reçu une éducation religieuse : comment puis-je accepter de croire en un Dieu qui permet des crimes aussi monstrueux contre l'homme, tels les scènes affreuses de Buchenwald, de Dachau, d'Hiroshima ? J'ai pensé avec effroi à la mort et à la souffrance, non pas aux miennes, mais à celles de toute l'humanité. Je me suis mise à douter beaucoup trop de mes nouvelles croyances et j'ai été prise de panique. Je me suis mis à chercher des réponses en dehors de la documentation des AA.

Par bonheur, avant d'avoir lu trop de choses sur les théories spirituelles, un domaine qui ne faisait que me créer de la confusion, j'ai constaté que je voulais trop, trop vite. Sagement, j'ai abandonné les livres de philosophie à des esprits plus solides que le mien. Je ne pouvais pas courir le risque d'une plus grande confusion. Je suis revenue aux enseignements des AA, qui m'avaient déjà sauvée d'une vie de tourment.

Je n'avais pas à chercher plus loin que dans les Douze Étapes et les mots puissants de notre Prière de la Sérénité pour « accepter les choses que je ne pouvais pas changer ». Ma réponse personnelle se trouve dans le mot « accepter » : accepter le rôle de l'homme dans le plan universel ; accepter ma vie comme une infime parcelle du grand tout. Aucun d'entre nous ne peut évaluer les merveilles des régions inexplorées de l'univers. Mais nous *pouvons* vivre sur la terre et nous aimer les uns les autres. Nous pouvons commencer à avoir *de la sollicitude, de la compassion, de la considération* envers les autres, et observer notre croissance personnelle. Avec les outils et les jalons que nous offrent les Alcooliques anonymes, nous pouvons découvrir une parcelle de ce précieux don qu'est notre ouverture à la spiritualité humaine.

New York, New York

Les Douze Étapes

1. Nous avons admis que nous étions impuissants devant l'alcool – que nous avions perdu la maîtrise de notre vie.

2. Nous en sommes venus à croire qu'une Puissance supérieure à nous-mêmes pouvait nous rendre la raison.

3. Nous avons décidé de confier notre volonté et notre vie aux soins de Dieu *tel que nous Le concevions*.

4. Nous avons procédé sans crainte à un inventaire moral approfondi de nous-mêmes.

5. Nous avons avoué à Dieu, à nous-mêmes et à un autre être humain la nature exacte de nos torts.

6. Nous étions tout à fait prêts à ce que Dieu élimine tous ces défauts.

7. Nous Lui avons humblement demandé de faire disparaître nos défauts.

8. Nous avons dressé une liste de toutes les personnes que nous avions lésées et nous avons consenti à réparer nos torts envers chacune d'elles.

9. Nous avons réparé nos torts directement envers ces personnes dans la mesure du possible, sauf lorsqu'en ce faisant, nous risquions de leur nuire ou de nuire à d'autres.

10. Nous avons poursuivi notre inventaire personnel et promptement admis nos torts dès que nous nous en sommes aperçus.

11. Nous avons cherché par la prière et la méditation à améliorer notre contact conscient avec Dieu, *tel que nous Le concevions*, Lui demandant seulement de connaître Sa volonté à notre égard et de nous donner la force de l'exécuter.

12. Ayant connu un réveil spirituel comme résultat de ces étapes, nous avons alors essayé de transmettre ce message à d'autres alcooliques et de mettre en pratique ces principes dans tous les domaines de notre vie.